「地域に生きて」
親亡き後の支援を考える
～看取りまでできるか～

（社福）
あおぞら共生会
明石 邦彦 著
明石 洋子 著

イラスト　明石 徹之

「あおぞら共生会」30 周年に寄せて

はじめに

「あおぞら共生会」副理事長・明石 洋子

平成 19 年度第 4 回ヘルシー・ソサエティ賞を受賞

　親の自主訓練会「幸地域訓練会」の会長時代、専門家から「ノーマ
ライゼーション」の理念と、身体障害の当時者から「当事者性」を学
ばせていただいた私は、超多動の長男徹之（知的障害のある自閉症）
を追いかけ、否が応でも地域に飛び出さざるを得なかったゆえに、親
として障害を持つわが子と共に、「地域で共に生きる」とは何かを深
く考えました。

　地域訓練会の運営母体の「川崎ひまわり父母の会」で、保育園入園
運動、普通学級就学運動（親の選択権保障）の運動をしながら、後期
中等教育（中学校）卒業後の行き場として、就労の拠点と地域との交
流のため、前例のないサービス業の「八百屋」を業とする地域作業所
「あおぞらハウス」を、ひまわりの親や支援者と共に平成元年に設立
しました。

　「あおぞらハウス」の運営母体であるボランティア団体「あおぞら

共生会」（会長・明石洋子）は、規制緩和された小規模社会福祉法人として平成 13 年 12 月に、社会福祉法人「あおぞら共生会」（理事長・明石邦彦）として認可されました。

　翌年 11 月に資金集めも兼ねた 1 周年記念の絵画展「地域に共に生きる」を開催し（阿部市長も来場）、平成 24 年 1 月に法人設立 10 周年事業「住みたいところで、住みたい人と」と銘打って、講演会と祝賀会の記念事業も行いました。

　本来、社会福祉法人としての 30 周年は、令和 12 年になりますが、「あおぞら共生会」の「思い」がスタートした「あおぞらハウス」の設立から、もう 30 年になりました。

　今回、その「思い」とは何だったのか、何のために「あおぞら共生会」は運動し、現在 13 の事業所を運営しているのか、その 30 年間を振り返り、関係者の皆様と「思い」の再確認と、「思い」（ＤＮＡ）を取捨選択し、残すべきＤＮＡを共有したいと思いました。

　また、今後 10 年、さらに法人設立 30 周年に向かって、ベクトルを一致するため、この本を作成することにしました。

　「思い」を振り返って、「温故知新」の本にしたいと思います。

　明石洋子が、設立当初からこれまでの「思い」を担当し、明石邦彦が事業の現状分析と 10 年後の計画を提案しています。

　若い職員たちも将来像を「ＭＡＰ」（一枚岩）と称して考えてくれています。

　ラグビーのワンチームと同様、皆様と「思い」が共有できればと、この記念誌を作成いたします。

1 階右から「ぞうさん（京町）」・「本部事務局」・「グループホーム事務局きんもくせい」・2 階左端「サポートセンターあおぞらの街」。徒歩 5 分圏内に「地域相談支援センターいっしょ」と「あおぞらハウス」があります。グループホームは、徒歩 20 分圏内に 7 軒あります。

第2部　親の支援なき後を考える

はじめに

「あおぞら共生会」理事長・明石 邦彦

　「あおぞら共生会」の原点である、地域作業所「あおぞらハウス」を平成元年に立ち上げて、30年の節目を迎えました。

　企業の繁栄の歴史を調べてみますと、「30年が寿命」と言われています。技術革新による成長と衰退のサイクルによって、企業の寿命が決まるという原則（コンドラチェフサイクル）があるのです。

　例えば、明治に起業し、100年経った製造業の売り上げランキング100位以内の企業番付を見てみますと100位以内で残っている会社はわずか3社（王子製紙、鐘紡、小野田セメント）しかありませんでした。

　このデータは、九州大学の非常勤講師として勤めていた時に調べた30年ほど前のデータです。それから30年という時の経過から見ると、王子製紙は財閥解体後、また合併し、存続しています。

　また、小野田セメントは吸収合併をくり返し、現在は太平洋セメントとして、名目を保っています。しかるに、鐘紡は花王に吸収され、化粧品部門がバルカンなどの商品として命脈を保っています。

　この30年で企業番付は大きく変わっていることを窺い知ることができます。企業が生き残り、成長するためには、既存製品の絶えざるコストダウンや新技術を取り込んだ新製品開発などの先を見据えた取り組みが必須だったのです。

福祉の世界でも、平成12年に措置から契約の時代になりました。そして、障害者自立支援法、総合福祉法などの改革、また、障害者虐待防止法などが施行され、人権を意識して意思決定支援などが実施されました。

　さらに、社会福祉法人の改革が行われ、より透明性の高い運営が求められています。そのためには、私たちは利用者の視点に立った施策を実施し、利用者のQOLが向上することを考えねばなりません。

　「あおぞら共生会」も地域作業所時代は、自分たちのやりたいことを具現化するためには、汗も流しお金も出すという精神で運営されてきました。前例のないことにチャレンジするボランティア精神での活動には、行政の支援もなく常に資金繰りには苦しみ、自転車操業の日々であったと聞いています。

　しかし、そのような環境の中にあっても、障害者のために数々の先駆的な取り組みをされ、行政に影響を与え続けてきた設立者の方々には改めて尊敬の念を抱かざるを得ません。

　法人の30周年を記念するにあたって、記念誌発行や祝賀会の催しなどが企画される中、過去を振り返るだけではなく、「次の世代に引き継ぐための提言が必要なのではないか」「事業の戦略を考え、法人の更なる発展につなげられる道筋を作ることが、次の世代の役に立つのではないか」という話になりました。

　そこで私たちは、企業の経営戦略、研究戦略を長年作成してきた経験を活かしながら、福祉事業という視点から「あおぞら共生会」の今後の生き残りのための戦略・戦術を作成することを目指しました。また、職員のベクトルを合わせるための指針になればとも思いました。

また、明石洋子は、30年を振り返るにあたって、設立時からの数々の危機を乗り越えてきたエピソードを記述することによって、「あおぞら共生会」のDNAを伝えることができるのではないかと考えました。

　そして、たまたま明石洋子が、ぶどう社の社長さんにお会いした時に、30周年記念誌として私たちが作り上げた10年の長期計画と過去のエピソードを絡ませ、さらに、グループホームで77才まで過ごされた方（最期は末期がんで病院にて死亡）の支援の実践例をもとに、親亡き後の問題や、高齢化・重度化そして、看取りまでを取り上げたら、職員だけでなく広く読者に役立つ本になるのではないかということになり、本書の刊行が実現しました。

　「あおぞら共生会」の過去の30年、未来の10年の法人運営が、皆様の組織、職員の方々のお役に立ち、また、障害を持つ子の保護者の方々にも、将来の見通しの一助になれば幸いです。

「あおぞら共生会」の事業運営

～過去 30 年、未来 10 年～

　「あおぞらハウス」も取材を受けた、ＮＨＫ総合ＴＶのドキュメント番組の題名の「笑顔で街に生きる」の、その笑顔を保障するため、長年「欲しいサービスがないなら、自ら作ろう」と次々に必要な事業を作ってきました。

　「前例がない」といつも厚い壁が立ちふさがりましたが、収入のない事業も黒字部門の事業所が応援し、ボランティア精神で協力し合い、親も職員も支援者も「苦労に勝る喜び」を共有して、運動してきました。「人が人を支援する」福祉は、「思い」を共有することが原動力です。

　しかし、奉仕の精神でスタートした福祉業界に、株式会社等営利企業が参入するほど魅力的になった今、「公的財源をうまく使ってどう収入を確保するか」が大事になってきました。

　採算性を考えた経済的基盤の確保が不可欠です。十分なお給料を払って、「思い」を共有する優秀な人材を確保しなくてはなりません。福祉も事業経営は甘くはありません。

　第１部では、福祉の現状を踏まえて、「あおぞら共生会」の13の事業所の運営を、過去の「思い」（ＤＮＡ）を振り返り、現状の課題を分析し、未来を考えたいと思います。

1章

「あおぞら共生会」の
歴史と思いを振り返って

MAPP 2019-2028
Monolithic Aozora Practice Plan【summary】

2019年5月1日
社会福祉法人あおぞら共生会

　「思い」を原動力に、「福祉の谷間を埋めよう」、「前例がな
ければ前例になろう」と採算性を無視した運動で、収入が入
らず運営は赤字続きでした。

　「汗も流そう、お金も出そう」の心意気で、ボランティア精
神と賛同者の寄付に頼っての運営を行ってきた感があります。

　しかし、制度やサービスが充実してきた今は、経済的基盤
を確保することが不可欠です。

　1章では、明石邦彦が、福祉に参入してきた営利企業に負
けないような経営センスを持って、「あおぞら共生会」の過去
と現状を分析し、10年長期計画（長計）を提案します。

1 「あおぞら共生会」の歴史を簡単に

制度は後からついてくる　〜 とにかくやってみよう 〜

「あおぞら共生会」は、福祉の世界では珍しいサービス業である八百屋を業とする作業所「あおぞらハウス」を平成元年に始めました。

利用者と家族のニーズ「昼間の過ごす場所の確保、地域の人とふれあいながら共に生きる」に応じて活動しました。無認可地域作業所としての運営でしたから、当時から資金繰りの面では厳しく、親たちがいつも「汗も流そう、お金も出そう」の心意気でボランティアで作業所を支えていました。

その後、暮らしの場のグループホーム（以下GH）や日常生活支援や土日の余暇活動を支えるヘルパー事業所の先駆けとなるような活動を行いました。

小さいながらもいわゆる地域生活必須の3点セット（日中活動、暮らしの場、地域生活）が整備されました。

「あおぞらハウス」のような活動は、障害者が運営するサービス業の先駆けとして、その後の福祉事業の広がりに大きな影響を与えました。

また、ヘルパー事業も厚労省の制度前の先駆的な実践例として、厚労省役人、国会議員、各障害者団体、福祉業界の方々など多くの人たちが「あおぞらの街」に視察に訪れました。

「あおぞら共生会」は、利用者の視点に立って、「必要なことは、まずはやってみる」という気概を持って事に当たり、「石の上にも三年」の精神で、実践しました。「制度やサービスは、後からついてくる」という姿勢で取り組んできた歴史・DNAがあります。

「あおぞら共生会」の歴史

平成元年 ●「地域作業所あおぞらハウス」開設。運営支援・就労支援を目的とする「ボランティアグループあおぞら共生会」スタート（川崎区日進町）。

平成3年 ●「生活ホームあおぞら」設立（運営委員会方式）。
就労だけでなく、地域社会で自立を目指すなら生活自体も地域で！との方針を立てる。

平成4年 ●「生活ホーム第2あおぞら」設立（運営委員会方式）。
「あおぞらハウス」、建物の老朽化で立ち退きにあい、川崎区浅田に移転。

平成6年 ●「生活ホーム第2あおぞら」、他運営委員会へ移管。

平成7年 ●「第2作業所ぞうさん」設立。

平成8年 ●4月より「地域作業所あおぞらハウス」現在地に転居。（川崎区小田）

平成9年 ●「生活ホームウィズ」設立（運営委員会方式）。重度の自閉症を持つメンバーを中心としたケアホーム。

平成10年 ●「あおぞらの街生活支援センター」設立。自由契約による生活支援サービス事業の開始。
将来にわたり地域で自立して生活したいと願う当事者・家族の多様なニーズに応える。

平成12年 ●「あおぞらの街生活支援センター」を法人化。「特定非営利活動法人サポートセンターあおぞらの街」として設立。
地域生活支援の活動を更に広げ、誰もが利用できるサービスを提供する拠点を目指す。

平成13年 ●「社会福祉法人あおぞら共生会」設立（「任意団体あおぞら共生会」を法人化）。地域に開かれた活動を行う。
「社会福祉法人あおぞら共生会」、「知的障害者小規模通所授産施設ぞうさん」として運営開始。

平成 14 年	●「サポートセンターあおぞらの街」が、川崎市障害児（者）ホームヘルプ事業を川崎市より受託。 川崎市知的障害者相談支援事業を川崎市より受託。
平成 15 年	● 生活ホームがグループホームと名称変更。 運営委員会方式より、「社会福祉法人あおぞら共生会」知的障害者地域生活援助事業として組み入れ。 事業所「グループホームあおぞら」、「グループホームウィズ」として事業を開始。 ●「特定非営利活動法人あおぞらの街」を解散（3/31）し、「社会福祉法人あおぞら共生会」に「サポートセンターあおぞらの街」を組み入れる。下記事業を開始。 知的障害者相談事業、身体障害者、知的障害者、児童居宅介護等事業。
平成 17 年	●「グループホームみらい」を設置。
平成 18 年	● 他運営委員会より「グループホームあすか」を移管。 ● 障害者自立支援法による名称変更。 グループホームから障害程度区分によりグループホーム（区分 1）とケアホーム（区分 2〜6）に名称変更。 障害福祉サービス事業グループホーム・ケアホーム（あおぞら、ウィズ、みらい、あすか）。 ● 障害者自立支援法による名称変更。 障害福祉サービス事業「サポートセンターあおぞらの街」。 移動支援事業「サポートセンターあおぞらの街」。 相談支援事業「サポートセンターあおぞらの街」。 移送支援事業。
平成 19 年	● 障害者自立支援法による名称変更。 障害福祉サービス事業「地域活動支援センターぞうさん」。 相談支援事業が「サポートセンターあおぞらの街」から「地域活動支援センターぞうさん」へ移管。
平成 20 年	● 本部事務局を川崎区元木から川崎区京町に移転。

平成 21 年	●「地域活動支援センターあおぞらハウス」を、「社会福祉法人あおぞら共生会」に組み入れる。
	●「地域活動支援センターぞうさん」から、「就労継続支援事業 B 型ぞうさん」に移行。
	●「地域活動支援センターぞうさん」の相談支援事業が施設型から地域型に。新名称「いっしょ」として移行独立。
	●「グループホーム・ケアホームボイス」を設置。
	●「障害児者一時預かりエコー」運営開始。
平成 24 年	●「いっしょ」が相談支援事業指定事業者と指定。計画相談支援、障害児相談支援、地域移行支援、地域定着支援。
平成 25 年	●川崎市の障害者相談支援援助再編成に伴い、障害者相談支援事業の事務所移転。新名称「地域相談支援センターいっしょ」。
	●「グループホーム・ケアホームみらい」を多摩区宿河原から川崎区京町に移転。
	●「地域活動支援センターブルチェロ」開設。
平成 26 年	●法改正に伴い、共同生活介護から共同生活援助へ一元化。名称「グループホーム」に統一。障害福祉サービス事業「グループホームあおぞら（あおぞら、あすか、ウィズ、みらい、ボイス)」
	●「グループホームガーデンあすか」開設。
平成 28 年	●社会福祉法人改革に伴い、経営組織を強化するため、組織体制を一新。
	●「グループホームウィズ」を川崎区浅田から川崎区京町に移転。
平成 29 年	●明石洋子副理事長とその長男明石徹之さんが「糸賀一雄記念賞」を受賞。

皆で知恵とお金を出し合って活動する
～ 汗も流そう、お金も出そう ～

　「欲しいサービスがないなら、自ら作ろう」の精神で、平成20年までには日中活動の場2カ所、ＧＨ4カ所、ヘルパー派遣のサポートセンターなど、地域生活事業を展開しました。

　就労に力を注ぎ、地域作業所から公務員に就労した実践が珍しかったようで取材が殺到し、新聞、テレビ、雑誌などマスコミにも「あおぞら共生会」の活動が紹介されました。

　しかし、運営は厳しく平成元年に作業所を始めてから平成20年まで、人件費が不足し職員を雇えず、親たちがボランティアで運営に関わり活動を維持していました（右図を参照）。

　振り返って平成13年当時、既に10以上の事業を展開していましたので、運営に責任を持つため、行政から「社会福祉法人を取るように」と指導されました。また、「支援費の対象は社会福祉法人のみ」との話もありましたので、取るしかないと考えました。

　平成12年、資金繰りの面ではほぼ赤字状態で寄付に頼っていましたから、「作業所の安定運営のためには、責任体制を整える必要がある」として、法人化が検討されました。

　1000万円の資金を用意すると、規制緩和の小規模社会福祉法人格が取得できます。作業所を運営する親や支援者は、自らも含め、支援者から寄付を集め（不足分は借金して）、現在の「社会福祉法人あおぞら共生会」を平成13年12月に立ち上げました。

　それまでの母親中心の活動から、理事（12名）、評議員（25名）

の有識者を明石洋子の人脈で集め、多くの支援を得られ、しっかりした組織を作ることができました。一般企業で研究、経営戦略を作成していた明石邦彦が、理事長に就任しました。川崎市で9番目の社会福祉法人です。

　弱小法人の運営は四苦八苦ですが、現在は無借金、黒字の健全経営となっています。平成元年のスタート時からの運営を考えると、法人には「利用者にとって必要な支援は、皆で知恵とお金を出し合って活動する」という「汗も流そう、お金も出そう」という福祉活動家のDNAがあるように思います。

「あおぞら共生会」資産の動向

● 純資産の動向と年間伸び高

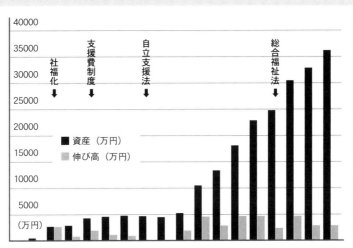

赤字／万円（H18 ／ 276　H19 ／ 324）

地域で生きる

「あおぞら共生会」は、地域の人に知ってもらうように、サービス業をしながら地域とふれあい、啓発活動を続けながら、地域の商店、コンビニ、スーパー、喫茶店などにアルバイトや支援の形で勤め、地域への定着を図りました。「地域で生きる」は、「地域の中で、障害者に限らず誰もが地域の構成員として、ふつうにあたりまえに生きている」ことだと考えています。

何も資産がなかったので、「地域力」を期待しました。今、国や自治体が「少子高齢化」「人口減少、生産年齢人口の減少」「厳しさが続く財政状況」「都市インフラの老朽化と維持・更新予算比の不足」などで、将来、公費の福祉予算が不足、「我が事・丸ごと」をスローガンにしていますが、「あおぞら共生会」は、当初から行政からの特別な助成金等がなかったため、その精神でした。

そのために、組織の地域開発力を高めることが必要でした。このような趣旨で多くの支援者や団体と連携しながら運営してきました。

常に、個々の顔が見えることが大切です。知って理解して支援してくださる方が次々と増え、地域作業所から多くの利用者が地域の企業や商店に就職することができました。右図のように、作業所は就労の拠点でもありました。その中でも、公務員チャレンジは画期的なことでした。

利用者も職員も育ててくださった地域の方々には、大変お世話になり感謝しております。

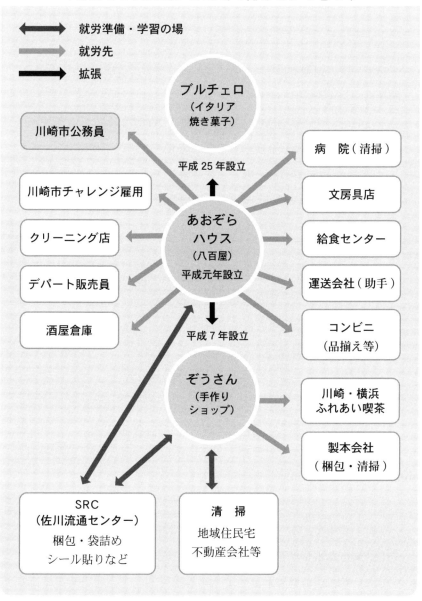

「あおぞら共生会」の地域で働きながら暮らす

就労準備・学習の場
就労先
拡張

ブルチェロ
（イタリア
焼き菓子）

川崎市公務員

病　院（清掃）

平成 25 年設立

川崎市チャレンジ雇用

文房具店

クリーニング店

あおぞら
ハウス
（八百屋）
平成元年設立

給食センター

デパート販売員

運送会社（助手）

酒屋倉庫

平成 7 年設立

コンビニ
（品揃え等）

ぞうさん
（手作り
ショップ）

川崎・横浜
ふれあい喫茶

製本会社
（梱包・清掃）

SRC
（佐川流通センター）
梱包・袋詰め
シール貼りなど

清　掃
地域住民宅
不動産会社等

2「あおぞら共生会」の分析

取り巻く環境

　長期計画を作成するにあたっては、福祉業界の実態を踏まえての戦略作りが必要だと思います。

　そこで、福祉業界を冷徹に見ている考え方を集め、そして私たちの意見と波長の合うものを見つけ、その考えに自分たちの意見を上書きし、戦略・戦術を作り上げようと思いました。

　いくつかの例を参考にしながら、自分たちもそうだなと思う点をあげてみると以下のようになります。

① 福祉事業の売り上げは公費に頼って成り立っています。行政のえ方次第で事業が大きく影響を受ける世界です。

② 福祉全体では数兆円の規模でありながら、福祉業界には大きな事業体がないことが特徴です。

③ 企業では、競争優位な事業を展開するには No.1、No.2 でなければ生き残りが難しいとされています。しかしながら福祉業界では小さな規模の事業体が多く、比較的に参入しやすい世界です。つまり、規模の経済原理は通用しにくく、地域に根ざした活動であることがあげられます。

　いずれにせよ、小さな事業体である「あおぞら共生会」でも「次の時代の糧となるものを作り込むチャンスは多くある」ということです。

　また、法人の活動方針とした「地域で共に生きる」や「当事者性の

尊重」を改めて問い直そうと思います。

　企業サイドからこの世界に飛び込んだ私たちが、福祉業界を体験して思ったことがあります。私の考え方は「失敗してもいいじゃないか。経験の積み重ねが豊かな人生である。」との考えです。リスクは考慮しますが、恐れていては何もできないということです。自分たちの思うところを施策として打ち出すことが重要です。

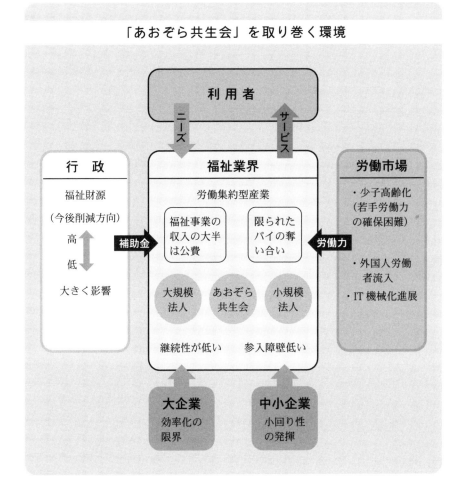

「あおぞら共生会」を取り巻く環境

強みと弱み

　一般的に組織の強みや弱みの分析をする場合、対象となる相手方が必要です。大きな法人を相手に、事業規模や職員数など、競争力の観点から項目を選び、比較参照を行ってみました。そして、彼我の競争視点を比べてみました。

● 事業の規模、職員の数は相手側とは大きく異なります。大きな法人では行政とのつながりは密で、分業化され、規程などのミスが少ないことが考えられます。

● 大きいがゆえに、法律の趣旨に沿った一定の範囲内の支援に限られがちです。このことは、利用者一人ひとりへのきめ細やかな支援が行えるほどの繊細さは存在しないということです。私たちは、小さいなりのきめ細やかな対応を目指して、支援することが可能です。

● 法人を代表する一人、明石洋子のつてを頼りながら、日本の先進的な取り組みをしている団体と連携することは容易です。そのために、最先端の知識や取り組みができる機会が多い法人でもあります。

● 私たちが利用者ニーズにもとづいて、常に必要な支援を追究していければ、先駆的な取り組みを行うことができるはずです。大型の組織にはできないことを創意工夫で生み出して、違いを明確にすること（差別化）が重要です。そのためには継続的に研修などの研鑽に努めて、日本でも評価される法人を目指したいものです。規模の大きさより、支援の質やユニークさを売り物にしたいものです。

「あおぞら共生会」の強み・弱み〜SWOT分析

経営理念

当事者性の尊重
＝
一人ひとりへの
サービス

地域で共に生きる
＝
適正規模

強 み（Strength）

・利用者へのきめ細かい
　サービス
・発達障害に関する優位
　性
・小回りが利く
・地域との結びつき
・識者とのつながり

弱 み（Weakness）

・行政との結びつき
・法令厳守（抜け落ち）
・若手職員が少ない
・職員の高齢化と流動化
・教育の浸透

機 会（Opportunity）

・利用者ニーズの細分化
・発達障害者の増加
・地域移行への流れ
・高齢化
　（家庭から障害者現出）

脅 威（Threat）

・福祉予算の低下
・職員の確保
・民間企業の参入
・IT・ロボット化
　（職員代替）

3 「あおぞら共生会」の中長期経営目標

事業の戦略の考え方

社会福祉法人の取り組みとして、成長戦略を望むことが大事ですが、時には今まで培ってきた事業を諦め、撤退することも考えねばならない時もあるでしょう。

政府の方針に鑑み、そのような方策を取らざるを得ない時期もあると考えます。このようなことは一般企業と全く同じと考えるべきでしょう。なぜなら、収入が厚労省の予算に支配されているという現状があるからです。

そのためには、各事業の採算性を考え、これから伸びる事業にヒト・モノ・カネを集中させることが肝要です。

時代の潮流と政府の考え方を踏まえた、生き残り戦略が必要なのです。いつも先読みした考え方を持ち、2～3年の実施策を打ちながら、適正に対処することが法人の経営者として心しておくべきことだと考えます。

「あおぞら共生会」の中長期経営目標

中長期ビジョンに焦点を当てた計画作り

1 今後も発達障害者を含めた利用者支援に焦点を当てた取り組みを重視
2 事業者同士の連携の強化などに焦点を当てて、事業の存続問題や解決のスピードアップに取り組む
3 事業についても棚卸しやバランスシートを継続的に点検し、経営力アップにつなげる

中長期ビジョン 2019－2028
～地域と共に、当事者を尊重して～

1 発達障害者支援に焦点　今まで培った発達障害に関するブランド力の維持・強化

・権利擁護
・発達障害に関する研修教育
・職員のスペシャリスト化

2 事業間連携の強化　利用者に必要なことを提供

・問題解決のスピードアップ
・相談支援事業の有機的介入
・事業間の水平的異動による職員のジェネラリスト化

3 経営力アップ　永続的に利用者の行き場を確保

・民間企業と同等の職員マネジメント教育
・民間企業と同等の経営管理教育
・経営の合理化並びにキャリアアップと賃金体系

成長のための事業規模の模索

　「あおぞら共生会」の事業規模を今後どれくらいの規模にすべきかを考えました。今の事業規模を2倍、さらに4倍にした時には多くの支援者と利用者が必要となります。

　利用者は、世の中の状況から考えると家庭で看取られていた知的障害者が親の高齢化に伴い、在宅で看ることが限界となり、顕在化します（8050問題）。

　そのために、ＧＨなどの必要性が増えると考えます。しかしながら、2020東京オリンピック・パラリンピック開催まで人手不足の状況は続くのではないかと思います。

　支援員不足の事情と金銭的の面から考えると、事業の拡大はより慎重に取り組む必要があります。急な事業拡大は考えなくても良いと思っています。それよりは、地道な教育で人材の質を高めながらゆっくりとしたスピードで進む方策が得策でしょう。

　そのような考え方で臨むなら、10年で事業規模2倍程度を目指して進めるほうが実現性の高い方策と考えます。

　主な事業としてのＧＨ、通所事業は確実に進捗させていけますが、相談支援事業やヘルパー事業はあまり人を増やすことなく、他の事業所と連携しながら進めるべきと考えます。

「あおぞら共生会」各事業の展開規模

A グループホーム／B サポートセンター／C 就労継続支援 B 型ぞうさん
D 地域活動支援センターあおぞらハウス／E 地域活動支援センターブルチェロ
F 相談支援事業

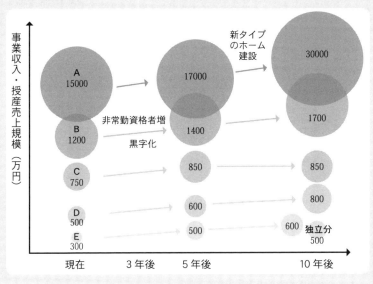

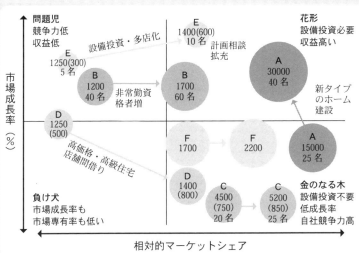

「あおぞら共生会」と障害保健福祉施策の歴史

　この 30 年間、様々な障害者福祉に関する法律や制度が出来上がり、「地域で生きる」をモットーの私たちにとって、法律の「理念」は追い風になりました。しかし、「理念」と「現実」のギャップ、矢継ぎ早の改革で改正に伴う手続き作業に追われることも多々ありました。

　平成 12 年「社会福祉基礎構造改革」で、「措置から契約」「施設から地域」となりました。「地域と本人主体」を運動していた私たちにとって嬉しく思いました。

　平成 15 年、「多様化、増大化する障害福祉ニーズへの対応」として「支援費制度」が登場し、赤字だった経営は一息つきました。しかし、厚労省の予算措置が不十分で制度は破綻してしまいました。

　平成 17 年、発達障害者支援法が施行されました。啓発と新たなサービスの展開をしたいと思いました。

　平成 18 年、障害者自立支援法ができ、「障害者が地域で暮らせる社会に」「自立と共生を実現する」が理念とされました。

　平成 25 年、障害者自立支援法の「自立」の代わりに、新たに「基本的人権を享受する個人としての尊厳」を明記した障害者総合支援法が成立し、現在に至っています。

　平成 26 年からは「障害支援区分へ」の名称や定義の改正、「GHの一元化」などがスタートしました。特に支援も「重度訪問介護の対象拡大、見直し」がなされています。

　私たちは、いかなる時代であっても、障害がある人々が自分の住んでいる地域で、笑顔でその人らしい生き方ができるように、本人の思

いに寄り添って、日々地域に密着した運動をしていきたいと思い、この30年「あおぞら共生会」を運営してきました。

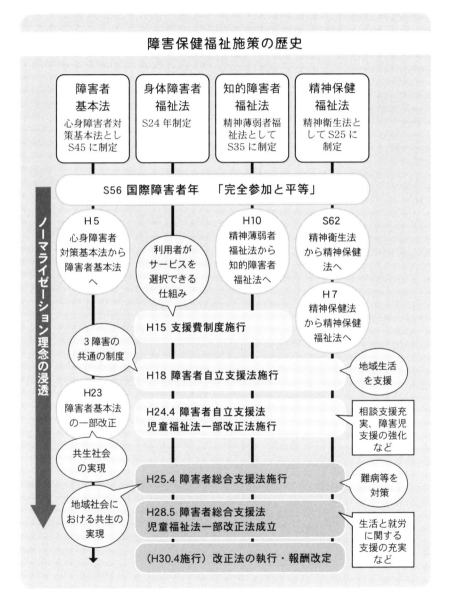

障害保健福祉施策の歴史

ノーマライゼーション理念の浸透

| 障害者基本法 | 身体障害者福祉法 | 知的障害者福祉法 | 精神保健福祉法 |

障害者基本法 心身障害者対策基本法としS45に制定

身体障害者福祉法 S24年制定

知的障害者福祉法 精神薄弱者福祉法としてS35に制定

精神保健福祉法 精神衛生法としてS25に制定

S56 国際障害者年 「完全参加と平等」

H5 心身障害者対策基本法から障害者基本法へ

利用者がサービスを選択できる仕組み

H10 精神薄弱者福祉法から知的障害者福祉法へ

S62 精神衛生法から精神保健法へ

H7 精神保健法から精神保健福祉法へ

H15 支援費制度施行

3障害の共通の制度

H18 障害者自立支援法施行

地域生活を支援

H23 障害者基本法の一部改正

H24.4 障害者自立支援法 児童福祉法一部改正法施行

相談支援充実、障害児支援の強化など

共生社会の実現

H25.4 障害者総合支援法施行

難病等を対策

地域社会における共生の実現

H28.5 障害者総合支援法 児童福祉法一部改正法成立

生活と就労に関する支援の充実など

（H30.4施行）改正法の執行・報酬改定

総合施設長　専務理事　理事長　副理事長　事務局長
本部事務局前にて

2章

日中活動の場

作業所運営

　大型の通所施設が次々とできる中、「あおぞら共生会」は街の中のお店屋さん（八百屋さん、手作りショップ、お菓子屋さん）として、お互い顔が見えて、隣人から声をかけてもらえる関係を大切にしました。

　さらに、地域のお店屋さんや企業等で働くことも重視しました。多くの利用者が、巣立ちました。

　今、「ぞうさん(東扇島)」は、施設外就労としてＳＲＣ（佐川流通センター）で働いています。

　第2章は、日中活動の場として、設立時からの「思い」を明石洋子が、現状分析と10年長期計画を明石邦彦が示します。

1 「あおぞらハウス」（平成元年〜）

制度名：地域作業所 → 地域活動支援センター
店舗移転歴：日進町→浅田→小田

1）「あおぞらハウス」の歴史

● 地域の中で共に生きる

「あおぞら共生会」の基本理念は、当初から「地域の中で」と「当事者性」です。「制度があるからやるのではなく、必要だからやる」、制度やサービスが出来上がるまで「石の上にも三年」の思いで、福祉の隙間を埋めるため実践し、制度になるまで運動してきました。

「あおぞら共生会」の活動の歴史は、まさに私が知的障害（重度）のある自閉症の長男、徹之（令和元年現在47才）を育てた時と同じです。「前例がないなら、前例になろう」と、高校進学や公務員就労にチャレンジしたのと同様、何事もポジティブに考え「欲しいサービスがないなら、自ら作ろう」「先駆的、創造的、画期的」な活動をしてきた歴史と言えます。

昭和50年、私は親の自主訓練会「幸地域訓練会」を運営しながら、専門家から「ノーマライゼーション[1]」の理念と、身体障害の当事者から「当事者性」を学ばせていただきました。

そして私は、徹之を「あたりまえに地域の中で、同年齢の子どもたちと共に」育てていこうと決心しました。地域の中に「幸せの青い鳥がいる」と信じたからです。

---

1 ノーマライゼーション：1960年代に北欧諸国から始まった社会福祉をめぐる社会理念の1つで、障害者も、健常者と同様の生活ができる様に支援するべき、という考え方。

超多動の徹之を追いかけ、否が応でも「地域に飛び出さざるを得なかった」が本音ですが。そうして、「地域で共に生きる」を模索し、「入所施設」ではない選択肢を、地域の中に作っていきたいと考えました。

　共に遊び、共に学び、そして、共に働く場の拠点として、平成元年に川崎市ではじめて認可された「サービス業」の作業所を、同じ思いを持つ仲間と共に作ることができました。

　◉ 逆境にめげない

　今でこそ、川崎市も「ノーマライゼーションプラン（〜まちで暮らそう21世紀〜）」を福祉の施策にして、全ての福祉施設が「地域で生きる」を理念としていますが、30年前は「地域」と「当事者性」を理念とした施設は、川崎市でも少数でした。

　当時の福祉は、「建物行政」（ハード重視）で、次々と大型施設を作る計画の川崎市にとって、「障害があっても地域社会で共に生きる」（ソフト重視）運動は、むしろ目障りな存在だったのかもしれません。

　ほとんどの施設は、土地や建物は川崎市が貸与し（後に法人の財産）、行政主導の運営で施設内処遇を重視して、日々地域と交流することなど理念にしてはいませんでした。30年前当時、「地域、地域」と言う私たちは、異端児だったようです。

　作業所「あおぞらハウス」は、当時地域訓練会の運営母体「川崎ひまわり父母の会」の事務局のあった市の建物 (並木授産所跡) を借りて運営をスタートしました。

　しかし、設立3年目、「老朽化で危険」との理由で突然立ち退きを言われました。

突然期限を切られて立ち退きを言われても、借家を借りる経済的な余裕がなく、市に大変さを訴えると、「無理して親が運営しないでいい。幸区に新設した通所施設の定員に余裕があるので、あおぞらの利用者を受け入れる」と、「あおぞらハウス」の廃止を勧められたりもしました。

　私たちは、「地域と交流しながら、地域での自立」を目的にしているので、施設内に閉じ込めたくはありません。「老朽化して危険ならば、建て替えるので土地は貸して欲しい」と頼みましたが、「福祉には今後も貸さない……」と言われました（現在、その土地は他の社会福祉法人が使っています。理由を聞きたいところですね）。

　当時、立ち退き反対の座り込みも考えました。しかし、利用者へ影響するマイナス面を危惧し、立ち退き命令を受け入れました。

●「汗も流そう、お金も出そう」

　10数人の利用者が喜んで通所しているので、親や支援者たちは「あおぞらハウス」の継続を望み、八百屋ができる店舗を探しました。

　しかし、当時は、障害者の作業所に家を貸してくれる大家も不動産業者もなく、借家探しに苦労しました。また、敷金の他、八百屋の営業権、改装費、前家賃などで約300万円が必要でした。

　親たちは、資金を自らも出し、寄付集めに奔走しました。逆境にあいながら、「汗も流そう、お金も出そう」と、親や支援者たちの団結はいっそう強くなっていきました。

　壁が厚いほど、皆で話し合い、お互いに理解し信頼し合って、ポジティブに進む、それが集団の質（団結力）を上げました。

　その後も、「あおぞらハウス」は移転し、現在3軒目を小田に開店

神奈川県三浦の生産農家を皆さんで見学 　　　　　　　野菜は有機栽培で美味しいですよ

しています。逆境にあっても、親も支援者も「欲しいサービスがない
なら、自ら作ろう」、「前例がないなら前例になろう」と、明るく前向
きな発想でポジティブな活動を行っていきました。それらが、「あお
ぞら共生会」のDNAになっています。

●「あおぞらハウス」はサービス業で地域と交流

　認可にあたっては、行政から「知的障害ましてや自閉症にサービス
業は合わないのでは？」などと言われましたが、「就労の拠点」とし
たかったので、障害者というひとくくりではなく、個々の顔が見え、
個人の名前で地域の方々に知ってもらうために、毎日地域の人に挨拶
ができるサービス業が一番と考えました。

　「入所施設ではない選択肢を作ろう」のスローガンに、「面白そう」
と賛同者が多く集まりました。

　近隣の八百屋さんと競合しないため、また「福祉だから」と同情を
乞うような立ち位置は避けたいと思い、付加価値のある無農薬、有機
栽培野菜の販売という業種を選びました。

　利用者のニーズ（昼間に過ごす場所の確保、地域の人と交流しなが
ら地域に飛び出し、共に生きる）を大切に、活動しました。

● 就労の拠点にした理由

　サービス業を認めてもらえなかった約2年間は、【あおぞら】と書かれた八百屋のトラックを譲り受けて、「川崎ひまわり父母の会」の仲間たちで、無農薬や有機栽培の八百屋の引き売りを行いました。

　実は、中学2年から「高校に行きたい」と言っていた（自己決定）徹之が、神奈川県でも（たぶん日本でも）前例のない、重度知的障害者の夜間定時制高校に進学するために、規則正しい生活ができる安心安定した昼間の居場所、「日中活動の場」が必要だったのです。

　平成元年1月、2年余りの運動のあと、やっとトラックの「あおぞら」の家を「あおぞらハウス」と命名して、八百屋を開業しました。

　当初の利用該当者は、徹之だけでしたので、運営基準を満たすため、福祉事務所や養護学校（特別支援学校）、特殊学級、他の福祉団体、在宅の方々に声をかけて、利用者10名を集めました。運営基準（1人以上の職員、10人以上の利用者、週5日運営）をやっと満たして、平成元年4月に、川崎市から作業所の認可を得ました。

● ジョブコーチの誕生

　当初の作業所設立運動の中心は、「川崎ひまわり父母の会」の就労部会（新会長は杉浦敬司さん「あおぞらハウス」初代代表）でしたので、作業所は「就労の拠点」としました。当時、本人を知り、障害の特性を知った、職場のパイプ役になる人の存在の必要性を痛感していたことから、職員をジョブコーチ[2]として養成しました。

　そして、多くの利用者（所員）が地域の商店や企業（特例子会社な

2　ジョブコーチ（職場適応援助者）：障害者の就労にあたり、できることとできないことを事業所に伝達するなど、障害者が円滑に就労できるように、職場内外の支援環境を整える者（最初私たちは職業ヘルパーさんと言っていた）。平成17年にやっと制度化されました。

京町町内会や浅田町内会からテントを借りて、近隣の町内会が「あおぞらバザー」に協力

ど）や、公務員チャレンジなど、次々と就労していきました。今でこ
そ「就労移行」という制度がありますが、福祉施設から一般就労する
事例はほとんどない時代でした。

　「あおぞら共生会」では、親が自分の勤務している会社に特例子会
社設立を働きかけるために、富士電機「フロンティア」や日本鋼管
「ＮＫＫアップル」設立に関与し、勉強もしました。

　また、職員が地域の商店などに実習やアルバイトなどで雇用しても
らう、八百屋のお客さんに雇用の情報をもらうなど、就労の機会を
作っては、ジョブコーチとなって地域に利用者と共に飛び出し、先駆
的な活動をしました。

　親たちも、職員が外でジョブコーチなどをしている間の八百屋の手
伝いや、資金援助のためのバザーを頻繁に行いました。親も、職員も、
「心のバリアフリー」を願って、地域を耕し、心を耕していきました。

　また、親の運営または勤務する会社で、利用者を実習やアルバイト
で雇用したりもしました。職員の千葉和人さんには、運営するコンビ
ニ（フランチャイズ）で、店員として実習やアルバイトの練習をさせ
てもらったり、他のコンビニに雇ってもらったりしました。親たちも
パートで手伝いました。

福祉のサービスがない時代、障害の子を持ったからこそ、地域力（支援）の大切さを感じ、「地域で生きる」ことを積極的にしてきたように思います。そのようにして、親たちは、職員を、そして職員と共に、地域の人に理解していただき、支援していただけるように、関係作りをしてきました。

　平成３年頃、「ジョブコーチ」としての運動を、福祉の機関紙に「自閉症や知的障害者の就労にはジョブコーチを」と掲載していただき、啓発に心がけました。必要性を訴え続けて、平成17年にジョブコーチが国の制度になりました。

　平成３年11月、「あおぞらハウス」から川崎市職員試験にチャレンジした徹之の「市長への要望書」（電機連合神奈川より平成３年10月提出）にも、「ジョブコーチの必要性」を書き、平成５年７月１日採用の時、専門性のある市職員４名がジョブコーチとして、徹之の就労支援にあたりました（現在、公務員生活27年目）。

● みんなで一緒に考えながら

　「川崎ひまわり父母の会」で「地域で生きる」を学んだ親たちは、その後、「あおぞら共生会」の作業所に入所した職員や保護者たちと一緒に、「横浜あゆみ荘」など、泊まりがけも含めて研修を頻繁に行いました。

　国の制度の変遷などを学習し、日頃困っていること、必要なサービスをどうしたら作れるかなど、アイディアを出し合いました。集う場と時間があることで、話し合い知恵を出し合って運動してきました。

　「欲しいサービスがないなら、自ら作ろう」をキャッチフレーズに、その後、暮らしの場のＧＨや「地域生活支援センターあおぞらの街」、

田島養護学校からテントを借り、先生方も「あおぞらバザー」に協力、高校生や大学生もボランティアでお手伝い

「相談支援センターいっしょ」、人権擁護センター（親の会とNPO法人設立）など、次々に地域の中に根付いた必要な拠点を設立していったのです。

　今、親の世代を、70才代は運動のパイオニア世代、60才代は拡充の世代、50才代は整備の世代、そして40才以下はサービス消費世代と言われています。現在、制度やサービスが充実してきたことは嬉しいことです。

　親の運動の歴史の流れの中で、サービスが勝ち取られてきました。親たちは、「苦労に勝る充実感」をもらいました。しかし、福祉がサービスとなった今、親はサービスの消費者、職員は福祉労働者という構図ができてしまったように感じます。福祉活動家は、過去の産物となってしまったのでしょうか……。福祉は、労働だけでなく活動でもあると思うのですが……。

　活動とは、本来「嬉しい、楽しい」ものです。親が、わが子から学び、生きがいややりがいを持つように、職員は、地域に生きる活動の参加意識を持つことで、新たなサービスを創生して欲しいと思います。利用者から学んで欲しいです。

2)「あおぞらハウス」の現在と未来の展望

（1）基本と課題
① 無・低農薬、有機野菜の販売で、安全・安心を提供する。
● 小さな子どもを持つ世帯や、資産を持つ老人が対象となる。事業が発展するかは、所得が高い世帯へのアプローチが必須。
● 貿易障壁が取り払われると、安値攻勢が続くかもしれない。
● アメリカの農業戦略で遺伝子組み換えの農作物が世間に流通するのであれば、安全な食品素材が重視されると思われる。

② 現在の八百屋は古い建物で、震災が発生したら危ない面がある。また、道路拡張工事が行われると、移転しなければならない。
● 営業権として、すでに権利金が支払われており、権利を捨てて移動するかは、考える必要がある。
● 拡張工事が10年以内に行われる見通しがあれば、それだけ震災対応が求められる。
● 移転を余儀なくされた場合、営業権を失うことになる。移転の際には、多額の移転費用が付くように行政に働きかける必要がある。また、現在「あおぞらハウス」の2階で行っている作業の場の確保も必要となる。
● 移転先は、高価格マンション群にある店舗への移行を考える。

（2）事業計画
現在の地域活動支援センターD型からC型を考える。事業としては、120万円増となる。
① 10年後の姿
● 八百屋の売り上げだけでは、工賃確保には無理がある。有機農法

の野菜作りも一般化されてきたので、大きな利益は取れない。授産製品作りも考えに入れておく必要がある。

② 計画（資源の掛け方）
● 八百屋の事業を飛躍的に増大させるには、マンションとのつながりを持つことが大事。身近なマンションにはGHが3つ入っていて、自治会と良好な関係を続けてきた。自治会運営のテレビで、野菜・果物などのショッピング案内をして、自宅まで届けるサービスなどを考える必要がある。そのために、マンション下の商店街入居を考える。
● 3〜4年で完了できるアイテムだけに絞ると、2つの地域活動支援センターの合同も考えられる。その場合は、20名の就労継続支援B型の可能性を見極める。

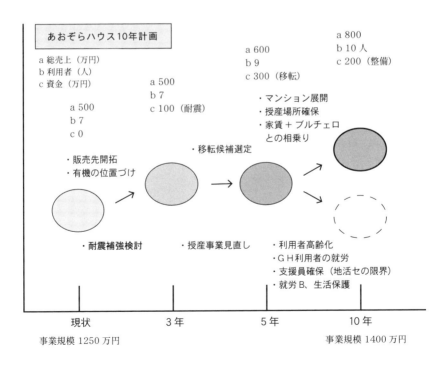

あおぞらハウス10年計画

a 総売上（万円）
b 利用者（人）
c 資金（万円）

a 500
b 7
c 0
・販売先開拓
・有機の位置づけ

a 500
b 7
c 100（耐震）

a 600
b 9
c 300（移転）
・移転候補選定

a 800
b 10人
c 200（整備）
・マンション展開
・授産場所確保
・家賃＋プルチェロ
　との相乗り

・耐震補強検討

・授産事業見直し

・利用者高齢化
・GH利用者の就労
・支援員確保（地活セの限界）
・就労B、生活保護

現状　　　　　　　3年　　　　　　5年　　　　　　10年
事業規模1250万円　　　　　　　　　　事業規模1400万円

2 「ぞうさん」 (平成7年〜)

制度名：作業所 → 地域活動支援センター → 就労継続支援B型

1)「ぞうさん」の歴史

●「手作りショップ」を商店街に構えたが……

「あおぞらハウス」はつぶれるどころか、小回りが利いて地域と交流することの良さがある地域作業所への希望者が増え、定員オーバーで手狭になり、2つ目の作業所「ぞうさん」を平成7年に作りました。

「ぞうさん」では、他の作業所との連携と、障害者が作った商品を施設内だけではなく、ふつうの商店街で販売しようと、「手作りショップ」を業種として選びました。

京町の商店街に店を構え、「地域の方々が日々買いに来てくれたら」と考えたのですが、「あおぞらハウス」(八百屋)のような生活必需品ではないため、開所2年目からお客さんが少なくなってしまいました。

利用者の工賃や人件費などの運営費を、親たちも協力してバザー会場や各商店街などに出店して、商品の販売に力を注ぎましが、利用者から「今日は一人もお客さんが来なかった」と残念がる話を聞くにつけ、方向転換を考えました。工賃などの不足分は、あいかわらず寄付や親たちのバザーの売り上げでしのいでいました。

いろいろ新作を考案して陶芸まで手を広げましたが、工賃を上げるまでに至らず、悩みました。「ゆっくりぞうさん」という宅配便なども模索しましたが、時期尚早で依頼するお客さんがなくうまくいきませんでした。

ぞうさん（東扇島）メンバーの通勤風景　　　　　　　　施設外就労の場のＳＲＣで働いています

● 施設外就労へ方向転換した東扇島「ぞうさん」

「就労の場」として作業所をスタートしたことを考え、ＳＲＣ（佐川流通センター）での「施設外就労」へ方向転換をしました。

朝8時前に、川崎駅前のＳＲＣの通勤バスに一般の社員と並んで乗り、昼食はＳＲＣの食堂で一般の社員と一緒に食べ、勤務は9時から16時まで働くという、まさにふつうの会社員、社会参加の場です。

通勤バスに乗るため、社会のルールを学ぶ練習には根気がいりましたが、職場はスケジュールなど、構造化しましたので、20人の利用者に4人の職員が支援しながら共に働きました。ＳＲＣでの仕事は、平成14年からもう10年以上続いています。

また、ＳＲＣにはいろいろな企業が入っており、利用者の働きぶりが認められて一般就労した人もいます。当時、作業所の少ない予算（職員数）で一般就労をさせてきたのは画期的なことでした。

また、他の施設（事業所）では、利用者を「就労」につなげようとする意識はほとんどありませんでしたから、「あおぞら共生会」の「働く」は、珍しかったようです。

● 障害者自立支援法の施行により

　平成 19 年に、障害者自立支援法（平成 18 年制定）により、「あおぞらハウス」と同様、作業所は市単事業である障害福祉サービス事業となり、「ぞうさん」は「地域活動支援センターぞうさん」となりました。そして、平成 21 年には国の制度の「就労継続支援事業 B 型ぞうさん」に移行しました。

　就労支援事業に、「就労継続支援 A 型」、「就労継続支援 B 型」と、「就労移行支援」の 3 つの制度ができたことにより、人材派遣業などが、株式会社経営で障害者の「就労移行支援」事業をするという、営利企業も福祉に参入してきました。

　それにより、養護学校卒業後の進路が株式会社の就労移行事業所に移り、「誰でも受け入れる」方針の「あおぞら共生会」には、行き場のない人や就労に失敗した人が多く来ることになりました。

　「ぞうさん」は、実績があり採算の良い「就労移行支援」を考えましたが、就労に疲労困憊して一般就労したくない人もいて、生活と就労両方を支援しようと就労継続支援 B 型を選びました。

　市単事業から国の制度に移行して、利用者数や利用日数に応じた請求業務、ＳＲＣでの現場支援、業務日誌作成の他、アセスメント、個別支援計画、モニタリングなど書類作成の事務量が増えて、四苦八苦しました。

　一方、「あおぞらハウス」は、報酬（補助金）は低いのですが、自由度が高い市単事業で「地域活動支援センター」のままにしました。

● 京町「ぞうさん」

　障害が重く、ＳＲＣでの立ち仕事や通勤が困難になった人たちのた

めの仕事場、京町「ぞうさん」を作りました。ＳＲＣの仕事などを請け負っています。

地域との交流を大切にして、商店街での買い物や散歩でふれあい、「ぞうさん縁日」などを企画運営し、小学校の通学路であることを活かして、子どもの好きなものを販売したり、日々顔の見える関係作りをしています。

◉ 画期的な職場

神奈川県の就労継続支援事業の報酬の１つとして、目標工賃達成加算があります。平成21年に「ぞうさん」を就労継続支援Ｂ型に登録した際に工賃倍増計画なるものを作成し、５年間の取り組み計画として県に届け出ました。平成20年度の工賃予測を１万５千円／月として平成25年度には倍となる３万円／月を目指そうとしました。

工賃倍増の内容として、ＳＲＣでの労働生産性を高めて今より高い賃金をもらうこと、工賃が良い民間企業などで働き、施設外就労として高い工賃をもらうことの、２本立てを基本にしています。

なお、毎年１名以上の民間企業などへの就職を重視しました。利用者の中で就労能力が高く、工賃の高い場で働くことが可能な人は、企業に就労しました。就職が決まると、新しい利用者の補充が必要となり、その人の能力による工賃の変動を余儀なくされ、工賃計画は難しくなります。

ＳＲＣで10年以上、施設外就労で、障害程度（支援）区分５や６の言葉のない自閉症など発達障害のある利用者が、仕事にも習熟し、毎日通勤バスで通い、いきいきと働いている「ぞうさん」は、画期的な職場なのだと思います。

２）－１「ぞうさん」の現在と未来の展望（東扇島）

（１）基本と課題
東扇島は、物流の拠点であり、現在は靴の梱包作業を中心にした仕事を展開（工賃約 3.5 万円／月・15 名）。

● ＳＲＣの請負の仕事を維持しながらＳＲＣの周りの企業と連携した動きを作る。

● ＳＲＣ内の就労先に派遣したり、はたまた特例子会社に利用者を送り込み、就労の実績アップを目指す。

● 企業では、障害者雇用率のアップにつながり、社会貢献のＰＲ材料にもなる。また、特例子会社設立を考える企業があれば、立ち上げに協力すると共にそこに派遣もできる。

●「利用者の就労機会を作る」という考え方で進める。そのためには障害者の啓発活動と社会貢献をセットにした活動を展開する。

（２）事業計画
① 10 年後の姿
東扇島では就労が実現するとして、利用者の補充をしていく必要がある。また、SRC の利用者の高齢化に伴い、京町「ぞうさん」の要員となるので、利用者減には常に補充が必要。ＳＲＣで、「地域に生きる」を実践することを目指したい。授産の売り上げ規模は現状維持で行くが、ＳＲＣなどに社会貢献意識が高まると工賃の改善も行われることだろう。東扇島には、多くの企業が業務しているので、障害者福祉に理解があり実績がある企業もあると考える。

② 計画（資源の掛け方）
基本的に大きな投資はない。働く利用者の数が課題となる。利用者の

数を増やさないので、支援者の数は4名くらい。そのためには、法人の他の事業からの異動を考える。キャリアアップの一環としてローテーション制度の拡充が必要である。異動が行えれば、その職場の固定概念が崩れ、思い込み、虐待まがいのことが払しょくされていくことにもなる。事業責任者には、ＳＲＣの仕事を常に確保していく命題があり、社会貢献などで、ＳＲＣ以外の他の参加企業へのアプローチなどが求められている。

③ リスク要因

● ＳＲＣの請負事業は、ＳＲＣの受注次第で仕事が増減するという不安は常にある。その場合、工賃に大きく影響が出る。

● ＳＲＣでは海外で安く梱包し、ダイレクトに顧客先に荷物を届ける方式（スマート・インポートシステム）も考えられているようなので、ＳＲＣ関係者との意思疎通を図りながら将来に備えることが重要。

④ その他

● 市内の各支援学校からの利用者補充：現行の障害者総合支援法では、卒業後一旦就労移行事業所を経由することとなっており、就労継続支援Ｂ型は直接利用できないシステムのため、思うように利用者が集まらないことがある。しかし、SRC での作業は労働の仕組みを学ぶという大きなメリットもあるので、学校を卒業したあとのフォローを行っている支援学校の先生方へのアプローチは欠かせないと思う。

● 障害者総合福祉法の制度改革：社会保障費の減額を意図とした政策提言には、注視していく必要がある。運営費に影響があるかどうかを判断しておくことが求められる。

２）－２ 「ぞうさん」の現在と未来の展望（京町）

（１）取り組みと課題

ハンディが重く、ＳＲＣの業務遂行が困難な人たちが中心。東扇島のラベル張りなどの仕事を請負。（工賃約 1.5 万円 / 月・5 名）

● 利用者は、適性に応じた仕事をし、工賃を得て自分の楽しみのために使うことを意識している。

●「障害者がふつうに街の中に存在し、地域もそれを許容する地域作り」を大切と考える。

● 利用者が京町の商店街でアルバイトをしたり、老人の憩いの場に進出したり、シルバー産業と提携したりすることが大事と考える。

● つながりの中から新しいＧＨ建設の賛同者を発掘したり、町内会や学校とのつながりを深める活動をする。すでに、地域に施設を開放し、交流の場を形成している。

● 京町の利用者は、高齢化に伴い生活介護型になると思われるので、就労継続から多機能型を指向するのも１つの考え方。

（２）事業計画

① 10 年後の姿

● 高齢者が増える可能性は高い。必要ならば地域活動支援センターの利用者と共同して、「地域で生きる」を実践するための地域浸透を行う必要がある。また、地域活動支援センターの定員安定化に寄与できるように、授産事業をまとめて行う仕組み作りも重要と考える。

② 計画（資源の掛け方）

● 利用者の数は現状維持で、地域との結びつき強化を目標にする。商店街の人たちと連携して利用者が働けるような場を作る必要があれば、投資も可能。本部事務所として借りている２階全てを作業の場にして

いけるように借り受けすることも考える。

● 支援員の数は限定する。人件費比率は7割以下で運営する。

● GHの高齢者が、昼間に過ごす場とも考えられる。利用者にとって老人デイは出費だが、京町で過ごすと仕事をしてお小遣いがもらえるという意識で過ごせる。

③ リスク要因

● 安定化するかの心配は常にある。大口の受注にSRCが失敗し、工賃水準を維持できなくなることもある。これからも、アンテナを高くしてSRCからの委託を受けることを考えなければならない。

● 高齢化に伴い、バリアフリー化を進めると共に、利用者がぶつからないように仕事場の面積拡大などを考える時が来るだろう。

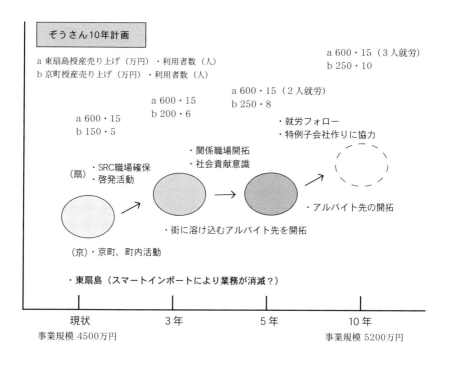

3 「ブルチェロ」（平成25年〜）

制度名：地域活動支援センター

1）「ブルチェロ」の歴史

● 福祉の場から「地域・人をつなぐ場」に

イタリア語で、ブルは深い青、チェロは空で、「あおぞら共生会」にぴったりの名前です。「ブルチェロ」は、「地域・人をつなぐ」をコンセプトにしたイタリア焼き菓子のお店です。

「お菓子を作る、そして売る」というシンプルな事業を通して、新たな喜びと、工賃を確保できる拠点を作り、年齢、関心、生きる力など多様化している利用者のニーズに対応しようと考えました。

原材料を吟味し、高品質の焼き菓子を製造・販売して先発事業所との差別化を図りました。

美味しいものを作るのに、障害なんて関係ないという感動と驚き、いろいろな人があたりまえにそこに生きて、暮らして働いているという発見。地域の人が、美味しい焼き菓子を食べる幸せ。福祉だからというのではなく、美味しいから購入するということが大事です。福祉の場から「地域・人をつなぐ場」になればと考えました。

● 福祉だからではなく美味しいから

ブルチェロは、県立川崎高校の正門前に店を開店し、製造現場が外から見えるようにしました。

川崎高校は、明石洋子が県立大師高校で講師をしていた時の教頭先

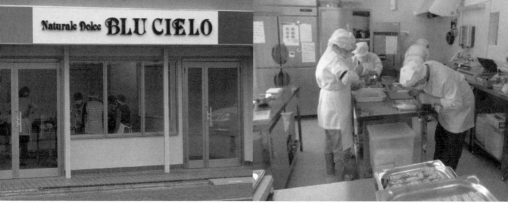

ガラス張りですから作業を見てください　　清潔な厨房で美味しい焼き菓子を作っています

生が異動し校長になった学校で、川崎高校でも異動後5年間年に2回、明石洋子が授業をしていました。

　生徒さんが、「あおぞらハウス」に就職したり、実習に来てくれていました（実習には、大師高校の生徒さんも来てくれています）。

　また、先生方やボランティア部の生徒さんの協力のもと、「あおぞら共生会」の役員や地域の方々が講師となって、「あおぞら教室」などを開催して、地域の子どもたちと利用者が一緒に、工作、科学実験、英語教室、バスを借り切って昆虫採集に行くなど、日常の交流もありました。

　文化祭（川高祭）では、「あおぞらハウス」が毎年バザーに参加していたので、「ブルチェロ」は、開店当初から学校関係者、地域の方々とはすでに顔見知りでした。

　高級食材を使って付加価値を高めたおかげで、美味しいクッキーは次々にお客様を獲得し、近所のコンビニでも置いてくれるようになりました。

　今では、製造の場が注文に応えるには手狭になってきています。お菓子工場を新設するのが、早急の課題となっています。

２）「ブルチェロ」の現在と未来の展望

（１）取り組みと課題
イタリア焼き菓子の評判は高く、需要も大きい。

● 最新機器の能力を把握する。進歩している冷凍技術によって、賞味期限が短いという現在の欠点をクリアできるかを考える。必要な測定技術などをエンジニアリングのプロに指導を受けることが大事。

● 増産の場合は、高級指向とコストダウン指向の２本立てで商品開発をする。現状を活かしながら、拡大部分を別工場にすることを考える。製造部分と焼成部分の２本立てで臨む。

● 現在の高級化路線は福祉事業からの一部支援があってこそ成り立っているので、増産のケースではお金の融通には限界がある。

● ネット販売の拡大には、高品質の商品で賞を取るなどして、知名度を上げることも重要。試作のために、専属パティシエの養成も必要。

（２）事業計画
① 目標
● 高級な焼き菓子を指向し、拡大路線を歩むが、福祉予算の裏づけが必要。地域活動支援センターのＤ型からＣ型に拡大。それ以上は、コスト競争力を持たない限り増やさない。一般のお店にする場合は、職員が独立する形をとる。

● 働く利用者は、スペシャリスト待遇となる。お菓子が好きな発達障害者を募集し、シェフ見習いで育成する。

② 10年後の姿
● 実際にお菓子工房で働く利用者は、生産性の高い人を揃え、その他は授産製品作りの担当とする。そして、必要な時（バザーなどの販

売）に活躍してもらう。定員の確保で運営は安定すると考える。

③ 計画（資源の掛け方）

● 生産量を2倍に拡大する予定で組み立てる。プロを育成するために
も試作スペースの確保と開発に必要な機器を揃える。

● パティシエとして活躍できる人は、お店を出す方向で活動する。独
立には資金面での支援も行う。ただし、利用者雇用などを義務化する。
お菓子を出す喫茶店（アンテナショップでも）も可能と考える。

④ リスク要因

● 2店舗機能（成型と冷凍機能＋焼成機能）が近接する場所が確保で
きるかが問題。

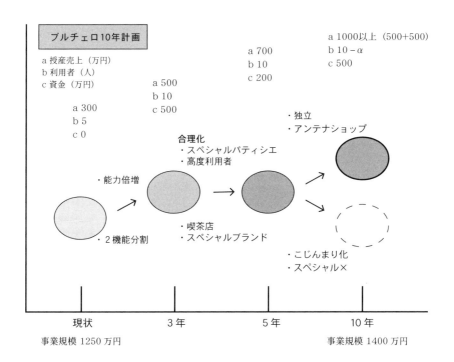

コラム　囲うのではなく、地域に出して生きる

　川崎市が大型施設を次々と作った時代、親たちは地域密着型事業を模索してきました。今は、国や川崎市の方針が「施設から地域」となっていますが、「あおぞら共生会」は、設立最初から「住んでいる地域で、地域の方々から支援を受けて」を実践してきた「地域発地域支援」です。

　近隣から「障害者施設の人」と見られるのではなく、個々の名前を持つ個人の顔の見える、地域の構成員、すなわち隣人であることを目指しました。八百屋を営むことで、地域の皆さんと挨拶を交わし、「ありがとう」とお互いに会話できる関係でありたいと思いました。

　創造的先駆的な運動には、いつも「前例がない」と厚い壁が立ちはだかり、「あおぞら共生会」の存続は何度も危機に見舞われました。しかし、この30年、利用者の笑顔を保障するためにも、「地域で共に生きる」の理念は揺るぎませんでした。

　平成12年、社会福祉基礎構造改革で、「施設から地域へ」「措置から契約へ」と、50年ぶりに社会福祉法が改正され、福祉が「地域」の流れに方向転換され、他の大型法人も理念を「地域に生きる」に変えてきました。しかし、「あおぞら共生会」は地元に密着した、日頃から顔が見える関係作りも願って運動しています。「ぞうさん(京町)」は、縁日などを開催して地元の方々と交流しています。

隣のお店も借り切って縁日　　　　　京町ぞうさんでは、景品付きで大賑わい

3章

暮らしの場

グループホーム（共同生活援助）事業

　　家族や地域から切り離された「入所施設」ではない選択肢
の1つとして、グループホーム（当時の名称は生活ホーム）
を平成3年から、必要に応じて作っていきました。

　　40人の入所施設を1つ作るより、4人のグループホームを
街の中に10カ所作る方が選択肢が増えると考えました。

　　今、6名称（7軒、1カ所2名〜5名）のグループホームを、
街の中の一戸建てやマンション（5LDK〜3LDK）に作っ
て、街の中で自由に、隣人と挨拶を交わしながら暮らしてい
ます。

１）グループホーム（ＧＨ）の歴史

● 当事者の思いを尊重して

学校教育卒業後の当事者の「地域で働きたい」という思いは、「あおぞらハウス」等の日中活動の場の設立で、どうにか可能になりました。

しかし、「あおぞらハウス」設立時に、「入所施設を希望したが、入れなかったので当面通所する」という養護学校卒業生がいました。２年目に、「母子家庭なので、私が亡き後を考えると心配で、今のうちに安心できる入所施設に入れたい」とお母さんは言われました。しかし、本人は、「（入所施設に）行きたくない。『あおぞらハウスがいい』」と言うのです。

「あおぞら共生会」の理念「当事者性」は、本人の「○○したい」を尊重することです。希望を叶えるためには、地域の中に「暮らす場」が必要と気がつきました。「働く場だけではなく、暮らしの場も地域の中」を痛感し、ＧＨを作ることにしました。

● 第１号を開所

当時、障害のある人の生活は、「施設」か「家庭」かの二者選択しかありませんでした。私たちは、「入所施設ではない選択肢を作ろう」を合言葉に、家からの自立の先として、ＧＨを考えていました。40

成3年・2人部屋(3.3畳/1人)　　平成9年・2人部屋(5畳/1人)　　平成16年・個屋(6畳/1人)

人規模の入所施設を山の中に1軒作るより、4人のGHを地域に10軒作るほうが、選択肢が増え、ノーマライゼーションに近い生活を送れると思いました。

　住み慣れた地域で、隣人とも挨拶を交わしながら日々触れ会い、お互いに理解を深める。そのようなGHがある街は、優しい街になると思いました。

　当時、川崎市でのGHは、市独自の事業で「生活ホーム」と呼び、運営委員会の運営で認可基準を満たせば開所できました。

　私たちは、平成2年に「あおぞら生活ホーム」運営委員会を立ち上げました。当時は、財団法人川崎市心身障害者地域福祉協会（地福協）と協定書を取り交わすことで、運営できました。法人や団体ではなくても世話人個人でも運営できました。

　当初、「あおぞら生活ホーム」の4名の利用者の内2名が「障害程度が重い」ということで行政が認めてくれませんでした（当時は、日中に一般就労や通所施設に通っている等、軽い障害者が対象でした）。

　はじめての申請でしたので、基準に応じて、さらに2名募集して、平成3年4月に昭和町に第1号「生活ホームあおぞら」を開所しました（運営委員長明石洋子、世話人石川泰次で開所）。

● 改善しながら移転

　平成3年に作った「あおぞら」に次いで、平成4年に「第2あおぞら」（他法人に移管）、平成9年に「ウィズ」、平成17年に「みらい」、その後、平成21年に「ボイス」、平成26年に「ガーデンあすか」を作りました（「あすか」は平成18年に当法人に移管）。

　また、「あおぞら」は後に広い部屋を求めて、平成9年に中島町に、さらに平成14年に小田に転居し、5人の人が、1人6畳以上の居室で伸び伸びと生活をしています。5人の障害程度区分が高いので、消防法を順守するため「あおぞら」は、大家さんの許可を得て、スプリンクラー工事もしました。

　「あおぞら」開所当時の設置基準は、おおむね4人、設置場所は緊急時に責任者等が対応できる距離、世話人が食事等入居者に適切な支援ができること、1人用居室4.5畳、2人用居室6畳以上（合い部屋可）とすること等、緩やかでした。

　しかし、「入居者は就労していること」（平成12年に撤廃）という条件がありました。「あおぞら共生会」の仲間でGH（当時生活ホーム）が必要な人は、障害が重い人ばかりでしたので、条件を無視して重い自閉症の人も入居しました。

● 本人の思いを尊重しながら

　少ない補助金では人件費が出せず、他の親や、地域の方々がボランティアで入ったりもしました。世話人の他、10人以上の支援者が関わり、プライバシーはきちんと尊重しながら、地域に開かれた運営を模索しました。「密室化しない、ミニ施設化しない、処遇が世話人の資質次第にならない、また世話人が孤立しない」等々、「あおぞら共

ガーデンあすかは３ＬＤＫ２軒に各２人入居　　食事は好きな時間に好きな人と、１人でも自由に

生会」は、透明性を担保にして、他法人で危惧されていた虐待などの
リスクを回避するように心掛けました。

　当時、世話人の資質次第で利用者のＱＯＬが決まり、密室化したＧ
Ｈでは虐待等が起きる危うさもありました。実際に「あおぞら共生
会」でも、障害者自立支援法になるまで４つのＧＨは、世話人主体で
運営されていました。

　そして、平成18年に障害者自立支援法の対象になり、基本的には
法人運営形式になったのですが、従来の世話人方式からの転換がな
かなかできませんでした。平成19年、県から「障害者自立支援法に
沿った運営」に関しての実地指導があることになりました。準備から
実地指導立ち会い、改善点の実行と回答書類提出までの３カ月間は、
私たち運営者は休日も連休もなく、書類等作成から改善策検討と、超
多忙を極めました。

　しかし、実地指導のおかげで各ＧＨ間での「本人の思いの尊重」等
の人権等意識の軽重や、書類作成、管理・整備の良し悪しなどの格差
等の是正ができました。

　また、ＧＨ毎の職員の給与体系や勤務体制、支援のスキルの格差も、
法人の責任で改善でき、ＧＨの大改革ができました。

● 頑張るしかなかった

平成18年の障害者自立支援法になった時、追い風が来たと喜びましたが、急に事務量が増え複雑になり、パソコン相手に四苦八苦です。川崎市は、対応策として補助金支給の施策を立てましたが、社会福祉法人の中から「小規模通所授産の法人は除く」とされてしまいました（規制緩和の社会福祉法人は対象外）。

「あおぞら共生会」は、補助金対象からはずされ、人件費不足で事務員を抱える余裕がありません。人件費に余裕がなく、赤字続き、膨大な事務量につぶれそうでした。草の根運動で地域に根づいていたにも関わらず、「施設発の地域支援」には予算がついて、「地域発の地域支援」は自助努力でした。

しかし、「欲しいサービスがないなら、自ら作ろう」の心意気で出発した以上、施設が地域支援に移って、地域資源が選択できるほど多くなるまでは、頑張るしかありませんでした。

土地も建物も市が用意し、補助金がいっぱいついている大きな法人が本気で地域支援して、地域資源が豊富になれば、「あおぞら共生会」の役目は終わるのかもしれない、むしろ私たちの理念を大型法人が受け継いでくれれば、親が運営することもないのに、と思ったりもしました。

設立時に「あおぞらハウス」を就労の拠点とした時、「10人の利用者が就労して作業所に在籍しなくなれば、基準に満たなくなるので、認可を取り消しますよ」と行政から言われ、「皆が就労できたら嬉しいです。つぶれることを目指して就労支援します」と答えたのを思い出しました。

今、大型法人も地域支援事業に乗り出してきていますが、まだGH

あすかは2階建ての1軒家に4名で生活　　　　美味しい食事ができるのを待っています

はニーズに応じきれていないようです。また、看取りまでしてくれる
でしょうか？

● グループホームの時代がくる

　ニーズが増えた「あおぞら共生会」のGHは、増員（4人のGHは
5人に）。「ボイス」と「ガーデンあすか」の新設を行い、GHの利用
者も26人（令和元年10月現在）になりました。

　国保連、令和元年8月のデータでGH入居者数は、神奈川県
（9,502人）は、北海道（11,880人）、東京都（10,984人）に次いで
全国で3番目に多いです。施設入所者も、北海道（9,551人）、東京
都（8,746人）、神奈川県（4,854人）と3位です。

　全国の合計は、施設入所者128,380人、GH入居者126,333人で
す。逆転する日も、もうすぐですね。今後、障害者の看取り入所施設
ではなく、GHの時代が来るのではないかと思います。

　また、「あおぞら共生会」は、30年近く運営した今、利用者の中に
は、親も亡くなり、きょうだい等家族の支援もない（契約書の身元引
受人の欄が記入できない）人もいて、契約に必要となる成年後見制度
の利用の必要性を痛感しています。

2）「隣で暮らしてもいいんだよ」は、まだまだ難しい……

● 退去勧告

　平成28年1月、信じられないことに、重度の自閉症の人のために作ったGH「ウィズ」の京町へのマンションの移転に際し、マンション管理組合から入居拒否を突きつけられました。長年地域を大切に運動してきただけに、管理組合の発言に心が萎えました。

　「スプリンクラー設置」等、改正された消防法を盾に「GHは防災上危険な『施設』。マンションは共同住宅、『施設』は共同住宅ではないので、このマンションにGHの入居は認めない」と言われました。

　マンション管理組合から「ウィズ」の入居だけでなく、8年前から同マンションに入っている「ボイス」や「みらい」も退去を勧告されました。日本各地でのGH建設反対等の住民反対運動を見聞きするたびに、「隣にあたりまえに暮らす」ことはまだまだ難しいと悲しく思っていましたが、その当事者になるとは……。

　GHは、支援が必要な障害者に対して、「世話人」という人をつけて（合理的配慮をして）、障害者があたりまえに地域に生きる「住まい」です。

　川崎市は、「障害のある人もない人も共に生きる街」にと「ノーマライゼーションプラン」を施策の目玉にしています。

　マンション管理組合は、ノーマライゼーションには「総論賛成、各論反対」のようで、「他の場所には賛成だが、自分の住むマンションに来ては困る」のようで、「隣に住んでもいいんだよ」という「心のバリアフリー」の実現はまだまだと痛感しています。

食事担当の生活支援員が美味しい食事を作ります　　　　　ウィズは５ＬＤＫの広々とした空間

　　入居予定のマンションは、500世帯以上の５棟の大型マンション。
「あおぞら共生会」が、平成27年末に購入し、翌年１月に「ウィズ」
が移転予定でした。再三の交渉にも、最初の反対理由は、「施設だか
ら入居不可」から次いで、「ＧＨ運営で法人は事業収入を得ている。
『事業』は認めない」となり、ＧＨの収支状況など資料請求されまし
た。

　　「あおぞら共生会」は、お祭りなど地域自治会行事には参加してい
ましたので、マンションの自治会長は好意的でしたが、日常の接点の
ない管理組合は、「管理組合は財産を保全する責任があり、障害者の
ＧＨは資産価値が下がる」と言われました。

　　障害者差別解消法に抵触すると反論したら、「理事会と臨時総会を
開いて、規約に『ＧＨやシェアハウスを認めない』と言う文面を入れ
る」とのことでした。

　　行政から理事会に説明に行くとの提案も「必要ない」と拒否され、
弁護士名で「私たちの考え」（次ページに掲載）を書き、平成28年４月
施行の障害者差別解消法の内容も入れました。

　　管理組合からは、「苦渋の選択で、改装工事の許可と３月末までの
入居を認める」となり、３月末に無事に入居しました。

管理組合の皆様

私たちの考え

弁護士

管理組合Q1:

　ＧＨの運営は「事業」にあたるので、Ｓマンション管理規約（以下「規約」）の第12条1項「住戸部分のＳマンションの建物所有者は、その専有部分を専ら住宅として使用するものとし、他の用途に供してはならない。」に違反するのではないか。

「あおぞら共生会」A1:

　当法人がＧＨを法人の事業として運営していることはその通りです。

　しかし、事業として運営していることと、専ら住宅として使用することは、矛盾しないものと考えます。

　規約における「専ら住宅として使用」と言えるかどうかは、専ら居住者の「生活の本拠」があるか否かによって判断するものとされています。また、「生活の本拠」とは、専ら日常的な寝食のための居住用建物としての平穏さを確保して使用することを意味すると考えられています。

　したがって、例えマンションの区分所有者が「事業」として使用し、あるいは第三者に住戸部分を使用させることがあっても、実際に使用している者が「生活の本拠」として平穏さを確保して使用しているのであれば、規約12条には反しないと考えられます。

ＧＨは、障がいのある人が、少人数（４名程度）で、共同で生活する場（日常的に寝食をする場）です。世話人が食事や生活のお世話をしますが、あくまで、障がいのある人の「家（ホーム）」にほかなりません。ＧＨに住む人たちは朝から作業所などへ通い、夕方帰宅します。まさに、障がいのある人の「生活の本拠」として平穏さを確保して使用しています。

管理組合 Q2：

　入所施設との違いについて、また、「ＧＨを認めれば、入所施設も認めなければならないのか」との懸念がある。

「あおぞら共生会」A2：

　先ほど述べましたように、規約 12 条「専ら住居として使用」と言えるかどうかは「事業かどうか」「入所施設かどうか」といった基準で決まるものではなく、「生活の本拠」として平穏さを確保して使用しているかどうかで判断されるものです。

　ある裁判例では、規約に反する行為が区分所有者の共同の利益に反する行為と言えるかどうかは、「当該行為の必要性の程度、これによって他の区分所有者が受ける不利益の態様、程度等の諸事情を比較衡量して決すべき」とされています（東京高裁昭和 53 年 2 月 27 日判決）。

　結局、個々のケースに応じて、必要性や他の区分所有者の不利益の程度など、様々な事情を考慮し、実態で判断するほかないものと考えます。当法人のＧＨは、4 〜 5 人の障がいのある人の共同生活の場として使用されるものであり、それ以外には、世話人が基本的に夜間 1 名いるだけで、不特定多数の人物が出入りするものでもありません。

他方、いわゆる「入所施設」は、少なくとも数十人規模の定員があり、医療スタッフ、介護スタッフ、事務スタッフなどが常駐し、夜間だけでなく日中の活動の場にもなっています。不特定多数の職員、利用者、家族などが出入りをします。その点で、入所施設とGHは全く異なるものです。

　GHは、知的障がいのある人たちが、山奥の大型の入所施設に「隔離」されてきた歴史を顧み、そのような障がいのある人たちも、他の人たちと同じように地域の中で「ふつうの暮らし」ができるようにと作られてきたものです。障がいのある人が地域で暮らすためには、認知症高齢者がヘルパーを利用して自宅で生活をするように、世話人による食事や生活の支援を得て、(単身生活が難しいため)共同で支え合って生活をすることが必要です。

　GHを運営する上では、事業として行政から給付金を得ていますが、これは、世話人らの人件費や住居にかかる費用などのほか、法律の基準に沿った運営、行政報告などをするための管理費用、ホームの将来の修繕・設備投資の積み立てなどに充てられます。社会福祉法人は利益の配分が禁止されていますので、余剰金は他の社会的な事業に使われます。障がいのある人が地域の中で生活するためには、このような事業形態(GHという支援付きの共同生活)が不可欠であるため、障害者総合支援法の「共同生活援助」として整備されているのです。

　ところで、「共同生活」であるという点が、規約12条に反しないかという疑問も頂戴いたしました。世間でも、いわゆるシェアハウスが注目を集めています。しかし、一般に「共同生活」と言えども居住用借家の一種であり、共同生活をする住人が「生活の本拠」として平穏さを確保して使用している限り、規約12条には反しないと考えら

れています。今後規約を改正しない限り、現在の規約上は共同生活であるというだけで規約に反するということはできないものと考えます。

　以上の点を斟酌いただければ、当法人のＧＨの運営が規約に反しないものであることをご理解いただけるものと考えております。

「あおぞら共生会」の要望：

　本年４月より施行される障害者差別解消法においても、全ての障がい者が、障がいのない者と等しく、その尊厳にふさわしい生活を保障される権利があること、障がいの有無によって分け隔てられることなく、相互に人格と個性を尊重し合いながら共生する社会を実現するため、全ての国民が障がいを理由とする差別の解消に努めなければならないことが明記されました。

　今は障がいのない住民であっても、老いや病気などにより公助・共助を必要とする時が必ず訪れます。障がいの有無によって分け隔てられることのない地域の実現は、全ての住民にとっての住環境の向上、ひいてはマンションの資産価値の向上に寄与すると考えます。

　もしこれまで、当法人と管理組合の皆様との間でコミュニケーションに不十分な点があったとすれば、今後は、これまで以上に意思疎通を密にし、共にＳマンションの良好な住環境の確保・資産価値の向上に努めて参る所存です。

　以上、入居もスムーズにでき、もう４年、近隣の人たちとも挨拶を交わし、マンションの納涼祭にも参加して、焼きそばやフランクフルトやとうもろこしを焼いたりしています。すっかり街の構成員です。

3）「グループホーム」の現在と未来の展望

（1）現状の取り組みと課題

現状のGHは、マンションや一戸建てなどを利用し、各人に部屋が割り当てられている。利用者同士が、居間や食堂などで顔を合わせる機会が多く、また、部屋の雑音などが他室に聞こえるため、それらに起因するトラブルが多い。はじめは仲良くできても、合理的配慮等に不備があれば、時間が経つにつれてトラブルが出てくる。そのため、構造的な問題と制度のあり方を考える必要がある。

① GHの形式ごとの課題

● **通常型**：利用者同士のトラブルが多い。各人の特質と相性がある。

● **サテライト型**：独立した形なので、管理が行き届かない。2、3年の短期的な対応で、次の進め方を考える必要がある。

● **一人暮らし**：細かな管理ができないので、部屋の整理や食事の提供のためヘルパーなどの導入が行われなければならない。また、地域の相談支援事業所などの支援を受けて、日常の困り感を払しょくする必要がある。GHの形態ではないので、法人の収入にはならない。

② 解決するために議論されたGH像

● **長屋形式**：一部屋ごとに独立しているので、プライバシー保持の面で優れている。

● **サテライト固定型**：期限がなく、法人の管理のもと支援を受け続けられる。

● **ワンルーム型マンション形式**：完全に独立できているので、発達障害の人に向いていると考える。ただし、一人暮らしができるので、家

賃としては割高。

● 老人と同居：一人暮らしの老人の家に、障害者が入居し、お互いが助け合いながら生活する。老人が家長のような形。

● 学生と同居：何人かの障害者と学生が住み、学生の家賃は免除し、夜は障害者に何か問題が起きた時に支援者に電話通報し、支援者が対応する。

● 一人暮らしや二人暮らし：失敗したら戻れる仕掛けを作って、支援する仕組み。サテライトの固定型に近い。

③ 支援する仕組み

● 必要とされる世話人と、夕食支援をする人の手当てが必要。

● 世話人１人での対応は、コミュニケーションに限界がある。

● 食事の提供を委託するやり方もある。

● 土日の外出支援には、ヘルパーの導入が必要となる。

● 相談支援を行っている事業所と結びつく仕組みも必要。

④ ワンルーム型一人暮らしのＧＨの提案

● 家賃が少し高めとなるが、現在は市や国の補助もある。

● 独立した部屋で管理は良い。

● １つ屋根の下に住むより、トラブルが少ないと思われる。

● ワンルーム型の形態を自力で作るか、中古のワンルームを買い取るか、住宅メーカーに依頼して作ってもらい、賃貸にするかなど、判断が必要。

（2）ＧＨ事業計画

① 目標

利用者の個性に合った地域定着を指向する。共同生活から一人住まい迄、個人の適性を考慮しての住み分けを考える。

② 10年後の姿

ＧＨを倍にする。新設のＧＨを5軒以上作る。

③ 計画（資源の掛け方）

3年で30人以上、5年で35人、10年で40人以上を目指す。通常型とサテライト型で増やしていくが、多様化（長屋形式、ワンルーム型など）も考える。いずれにしても堅実に進める。

④ リスク要因

サービスを必要とする障害者は増える。今まで在宅で障害者を看ていた親が高齢になり、介護が必要となる。障害者を自宅から出さざるを得なくなる。そのために、ＧＨや入所施設が必要となる。施設よりは自由度の高いＧＨがプラス要因となる。

● 食事の手配：現状では、ＧＨごとに夕食支援員をつけているが、一括して作れる厨房センターを作ることも考える必要がある。自前で作るか、ケータリングと連携して作ることを考える。高齢化を予測し、老人食の導入など、きめ細かい配慮が必要となる。

● 住居：賃貸、購入、委託建設（土地所有者や住宅建設会社が建設し、賃貸）などが考えられる。社会福祉充実残高を活用しながら、マンション等購入を考える。

● 働く人たちの手当て：法人では世話人制度で運営している。そして、

世話人を含め常勤雇用が多いのが特徴。本来は、非常勤を増やす中で安全・安心を確保できるかを判断する必要があるが、常勤採用で責任感を買うケースもあるのではないかと思う。

● 設備：バリアフリーを考えるが、一番影響があるのはスプリンクラーの設置。マンション以外の一戸建てを購入し、スプリンクラー設置を考える。住宅業者に委託する場合、スプリンクラー設置は常設とすべき。

● 国の条例改定：福祉予算が削られることも考えに入れての運営を心掛ける。制度改革には既得権が失われないように注意が必要。

● 高齢者用住宅の設置：バリアフリーなどへの配慮を、最初から組み込むことを視野に入れる。

● 職場：変形労働制の職場となるので、働き方改革を踏まえての対応が必要となる。

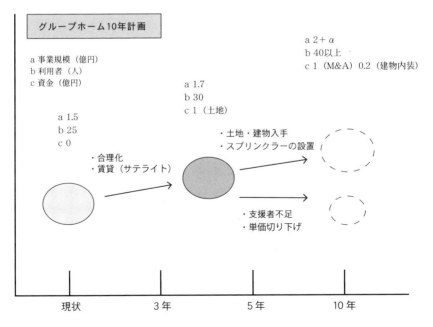

社会福祉法人「あおぞら共生会」・事業所一覧

● 日中活動の場

就労継続支援Ｂ型「ぞうさん」　神奈川県川崎市川崎区京町

地域活動支援センター「あおぞらハウス」　神奈川県川崎市川崎区小田

地域活動支援センター「ブルチェロ」　　神奈川県川崎市川崎区渡田山王町

● 生活支援の場

「サポートセンター あおぞらの街」　神奈川県川崎市川崎区京町

• 居宅介護・重度訪問介護・行動援護・同行援護事業

• 川崎市地域生活支援事業（移動支援）

• 横浜市地域生活支援事業（移動介護）

● 暮らしの場

ＧＨ あおぞら　　　　　神奈川県川崎市川崎区小田

ＧＨ あすか　　　　　　神奈川県川崎市川崎区渡田新町

ＧＨ ガーデン あすか　神奈川県川崎市川崎区渡田新町

ＧＨ ウィズ　　　　　　神奈川県川崎市川崎区京町

ＧＨ みらい　　　　　　神奈川県川崎市川崎区京町

ＧＨ ボイス　　　　　　神奈川県川崎市川崎区京町

● 相談支援の場

「地域相談支援センター いっしょ」　神奈川県川崎市川崎区京町

• 川崎市障害者相談支援事業

• 指定一般相談支援事業

• 指定特定相談支援事業

• 指定障害児相談支援事業

● 問い合わせ 本部事務局

〒 210-0848 神奈川県川崎市川崎区京町 1-16-25

TEL 044-328-7363　FAX 044-366-7254

ホームページ　http://www.aozora-kyouseikai.com

4章

地域生活支援
ヘルパー事業・相談事業と人材育成

　グループホームを平成4年に「卒業します」と退所した徹之の「あたりまえの生活」を考えた時、親から自立して「自分らしく生きる」を支援するシステムが必要と気づきました。

　日常生活を支援する「あおぞらの街生活支援センター」を平成10年に立ち上げ、平成12年にはNPO法人「サポートセンターあおぞらの街」（理事長明石洋子）として、相談とヘルパー派遣を行いました。今、相談部門が独立して「地域相談支援センターいっしょ」となって、ソーシャルワークを行っています。受け手も支援者も、地域の方に声をかけました。

　4章では、この2事業に加えて、人材育成も書いています。

1 「サポートセンターあおぞらの街」（平成10年〜）

制度名：「あおぞら生活支援センター」（任意の名称）→
「NPO法人サポートセンターあおぞらの街」→（社福）へ統合

1）「サポートセンターあおぞらの街」の歴史

● 親亡き後の生活を支えるには

現在、「親亡き後」を見据えて、障害者の地域生活を支援するべき
だと、国は相談を受けつける場として、各自治体に対して「地域生活
支援拠点」を整備するように求めていますが、まだ未整備のようです。

私は、徹之が親から自立してあたりまえに地域生活を送る上で、日
常生活の支援と相談もできる「地域生活支援事業所」の存在は不可欠
と気づきました。

きっかけは、徹之が20才になって、「家庭からの自立」を目的に、
「あおぞら共生会」の2つ目のGHに入居した時です。徹之は、6カ
月で、「GHを卒業します」と言いました。

地域の暮らしの場と思って「地域にいっぱいGHを作ろう」と、
「あおぞら共生会」の活動方針を立てていましたが、「地域であたり
まえに暮らす」を自ら実践している徹之にとって、障害者4人が措置
（今は契約）されてのGH生活は、自分が選んだ生活ではなかったの
です。

彼が選んだ暮らしを支えるためには「何が必要か」と考えた時、日
常生活を支援する「地域生活支援センター」が必要だと思いました。

入所施設は、「日中活動の場」、「暮らしの場」、「24時間365日の

サポート」の３点セットが完結していて、親にとっては「目に見える安心」ですから、「入所施設を作ろう」となるのでしょう。本人たちは管理されるより、社会参加を望んでいるのですが。親も地域に安心できるサービスや制度があれば、入所施設は選択しないと考えました。

　親亡き後の生活を支えるには、作業所等の「日中の働く場」とＧＨ等の「暮らしの場」の他、人権を擁護して本人の意思を尊重し、自分らしく生きるために支援する「24 時間 365 日見守ってくれる、困った時はすぐに助けてくれる」そういうシステムを、地域に作らなければと思いました。

● 地域のケアシステムを作りたい（制度は後からついてくる）

　平成 10 年に、「あおぞら地域生活支援センター」（「サポートセンターあおぞらの街」の前身）を立ち上げました。

　当初は、「あおぞら共生会」関係者間の「身内の互助」でスタートした生活支援でしたが、日本に特定非営利活動法人（ＮＰＯ法人）が制度化したことを知り、法人格を取りたいと考えました。そして、「互助」を身内から地域に広げようと思いました。

　広く地域の皆さんに、「あなたの周りに、お困りの人はいませんか？　そして、あなたが手助けをしてくれませんか？」と声をかけました。

　障害のあるなしに関わらず、困った時、「地域の人が、地域の人をお互いに助け合う」システムを作りたいと考えました。これは、まさに今言われている、「我が事・丸ごと」の理念そのものです。

　「趣意書に代えて」の文章を、「サポートセンターあおぞらの街」（以下「あおぞらの街」）代表明石洋子の名前で、地域に配りました。利用者、支援者、そして趣旨に賛同する賛助会員の募集をしました。

「趣意書に代えて」

住み慣れた地域で一生涯暮らせるように、必要な時、必要な支援を!!
　－ 施設入所させないで済む地域支援システムを作りましょう－

平成11年8月　発起人代表　明石洋子

　地域療育が整備され、障害児の早期発見・早期療育がなされ、また、支援学校義務化で就学が保障され、卒業後の行き場も「在宅０」を目指して通所する場が整備されました。今では、幼児期や学齢期の早期から、地域から分断されて施設入所というような、障害児が地域の人から見えなくなるということはなくなりました。

　しかし、障害者とその家族が、地域の中であたりまえに、いきいきと暮らしていけるかと言うと、地域の理解と支援はまだまだ不十分です。障害ゆえの「生活のしづらさ」があります。これはとりもなおさず日々の暮らしが、家族によってのみ支えられており、家族の日常には生活のゆとりも将来の安心もないからです。

　病気やけがや高齢になった時、そして親亡き後の不安感、さらに日常生活を壊す問題行動やパニックに対応しなければならぬ家族の疲労感や絶望感、旅行はおろかきょうだいの保護者会や冠婚葬祭はじめ近所付き合いも制限されての孤立感……。

　一人で悩んでいる親の負担感は、想像以上のものがあります。

　それゆえに、地域福祉が叫ばれている今でもなお、それに反対して施設福祉（入所施設建設）を希望する親がまだまだ大勢いるのです。障害を持つ本人は「地域で生きたい」と切望しても……。

　現在、教育・福祉・労働・保健・医療の行政サービスはじめ、地域の

社会資源は徐々に整備されました。しかし、窓口はバラバラで、しかも縦割りで個別に機能しており、それらは申請が原則となっております。親にとっては申請の手続きが面倒だったり、たらい回しにあったり、不愉快な思いをしたりで、諦め、怒り、そして一人で問題を抱えて悩む……と言った現状です。

これらを解決するには、必要な時に必要なサービスを柔軟に提供できるよう、本人が主人公のサービス内容を考え、地域資源を機能的に結ぶ、利用者中心のネットワークの構築が必要です。

「あおぞら共生会」は、「地域で生きる」を成人になっても具現化するために、地域作業所やＧＨを設立し運営を支援し、さらに就労支援と生活支援を、その他、会員相互間で子育て相談、教育相談、健康相談、余暇活動支援など、各種のサポートおよび情報提供を行っています。

この度「あおぞら共生会」は、新規事業として、特定非営利活動法人（NPO）の法人格を取得して、サポートセンター「あおぞらの街」を立ち上げ、障害を持っていても社会に自立し、人間らしく充実した生活が一生涯できるよう、そのためには本人や家族が地域での「生活のしづらさ」から解放されるよう、試行錯誤しながらも、創意工夫して、地域ケアシステムの構築を目指して活動したいと思います。

必要な時に必要なサービスを柔軟に提供し、そして地域の福祉資源と連携を取り、さらに不足している不可欠なサービスは新たに創り出していく、そのような本人と家族、すなわち利用者の主体性を保障できる活動をしたいと考えています。

家族が倒れることなく、一生涯地域で暮らす、その支えとなる条件を少しでも多く整備できるよう、様々な工夫と試みを行いたいと思います。

サポートセンター「あおぞらの街」は、非営利の有償在宅サービス等を提供します。

社会福祉基礎構造改革は、「施設福祉」から「在宅福祉」へ、「措置」から「利用契約福祉」へと急速に変化しており、20数年前（昭和50年前後）から私たちが願い実行してきた「地域の中で」が、これからは福祉の主流になって進んでいくことでしょう。

　この地域福祉計画とは、「家庭や地域の中で、障害の有無や年齢に関わらず、社会参加ができ、その人らしい生活が送れるよう、それぞれの地域において総合的なサービスを受けられる体制を整備することが重要である」と言っています。

　この言葉の基本にあるノーマライゼーションの精神を具現化し、サポートセンター「あおぞらの街」という地域生活支援活動を私たちの地域に定着化させていきましょう。

　「あおぞらの街」が利用者に支持され、地域の信頼を得れば、私たちがこの20数年、地域に生きるために必要な、地域訓練会から障害児保育や普通学級入学等、制度やサービスを行政が認め作ってきたように、私たちの地域生活支援も行政に交渉して制度化していきたいと思います。皆様のご理解とご支援ご参加をお願いいたします。

　以上（会費や利用料等、この紙面では略しています）

● ここでも「汗を流そう、お金も出そう」に

　そして、平成12年4月には、2階建ての車庫付きの戸建てを借りて、「特定非営利活動法人サポートセンターあおぞらの街」として、地域生活支援事業を始めました。

　通所先送迎に月5000円、生活支援や余暇支援サービスの利用料は1時間1000円、相談や啓発事業は無料でした。しかし、1時間1000円の利用者負担も障害者にはきつかったようで、ヘルパー利用

は少なく、無料の相談支援等の利用が多かったようです（今は、制度になり、全てのサービスの利用者負担は１割で、上限もあり所得の少ない障害者は無料で使えています）。

　また、行政には、生活支援の必要性と実績を出し、「せめて家賃補助を」と願いましたが、叶わず支援はなしでした。行政の補助が全くない中、1000円の収入の全てはヘルパーの人件費で消え、家賃とコーディネーターの正職員の人件費分は赤字です。寄付で賄いました。

　必要性は国にも訴えましたが、「いつか、地域移行の時代が来る」と、またまた「汗も流そう、お金も出そう」と頑張りました。

　経営が一息ついたのは、支援費制度ができてからです。平成15年に制度がスタートして、利用料がなんと無料になりました。そうしたら利用者がどっと増えて、赤字続きだった「あおぞらの街」もやっと黒字になり、スタッフも増え（正職員３名）、親たちにもヘルパー資格を取ってもらい、登録ヘルパーも増えました。

　念願の「地域生活支援システム＝地域生活必須の３点セットの充実ができる」と嬉しく思いました。やっと、親亡き後も入所施設を選択しないで済む生き方を、わが子にさせることができると思えたのです。

　しかし、裁量的経費で予算措置がされなかった「支援費制度」は、利用者が増え過ぎて財政的破綻をきたすという結末を迎えました。

　開設から５年で赤字に、平成18年に障害者自立支援法になっても「地域発地域支援」の運営は厳しいものがありました。福祉予算は、「施設発地域支援」に偏重していました。

　しかし、「あおぞらの街」の事業は、「地域に生きる」には不可欠です。家賃分と人件費の赤字解消のために、本部の２階へ引っ越し、正職員も４名から２名体制にして、現在も赤字で運営しています。

2）「サポートセンターあおぞらの街」の現在と未来の展望

（1）事業の基本と課題

　知的障害者のヘルパー事業は、夕方の食事支援や入浴支援と土日の余暇活動に希望が集中するのが特徴。

- 「あおぞら共生会」関係者に特化していく。
- ヘルパーの数に限りがあるので、他社との連携が必須。
- 非常勤が増えないと経営は苦しい。
- やる気のある非常勤の職員に強度行動障害の資格を取得してもらい、土日の支援員の数を増やす。
- コストパフォーマンスを考えないとすぐに大赤字になる。
- 行政の施策にも大きな影響を受ける。
- 拡大路線または縮小路線を取るかは状況に応じた対応が必要。

（2）将来のための予見

- **余暇のバラエティー化**　外に出ていく機会を増やす施策が必要。旅のパートナーとの旅行が考えられる。個人・少人数でのプチ旅行で余暇を楽しむことができる。概して、障害者は旅行体験が少ない。
- **一人暮らし支援**　ヘルパーによる生活支援。
- **8050問題**　今まで在宅で過ごしてきた障害者が顕在化してくる。ＧＨで老人介護を行うと平日の昼間対応が必要となるので、ヘルパーの数が増えることが考えられる。

（3）計画作り

① **目標**　「あおぞら共生会」内利用者に特化。非常勤の職員を増やし、コストパフォーマンスを改善して取り組むことが大事。まずはＧＨの利用者（川崎区内在住）の利用を拡大する。次に、日中事業の利用者

（川崎区以外の人もいる）を増やす。

② **10年後の姿**　非常勤の職員を少しずつ増やしていく計画で進める。

③ **計画（資源の掛け方）**　利用者と支援者の数を少しずつ増やす方向で構築する。老人と障害者の家族を看る仕組みはどうするかを考える。それには3年で老人介護に取り組むかを決断する。

（4）リスク要因

● 利用者を増やす方向だが、既存のヘルパー事業を利用している人もいるので難しい。数に限度がある。

● 資格を持った非常勤の職員を増やす問題。意欲がある人がどれくらいいるか。また、資格取得のための時間とお金がかかる。

● 老人介護には、一定の教育プログラムが必要。

● 知的障害者のヘルパーは、平日昼間の仕事がないのがネック。

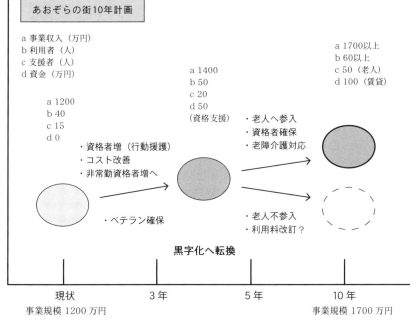

あおぞらの街10年計画

a 事業収入（万円）
b 利用者（人）
c 支援者（人）
d 資金（万円）

a 1200
b 40
c 15
d 0

・資格者増（行動援護）
・コスト改善
・非常勤資格者増へ

・ベテラン確保

a 1400
b 50
c 20
d 50
（資格支援）

・老人へ参入
・資格者確保
・老障介護対応

a 1700以上
b 60以上
c 50（老人）
d 100（賃貸）

・老人不参入
・利用料改訂？

黒字化へ転換

現状　　　　　3年　　　　　5年　　　　　10年
事業規模1200万円　　　　　　　　　　事業規模1700万円

2 「地域相談支援センターいっしょ」(平成 21 年〜)

1) 相談事業の歴史

●「地域相談支援センターいっしょ」を開所

　日中活動の場、暮らしの場、サポートセンターの地域生活必須の 3 事業が充実しても、障害のある人が地域で生きるためには、それらを「つなぐ」必要があります。相談支援事業は、平成元年「あおぞらハウス」を設立した当初から、「あおぞら共生会」の支援業務に入れていました。子育て相談、教育相談、生活相談、就労相談、健康相談等々、多彩な内容に、ペアレントメンター的な、または社会福祉士や薬剤師等の個人資格で専門性のある相談にも応じていました。

　当初の「あおぞらハウス」から、平成 14 年元木の「あおぞらの街」が相談支援事業を担当し、川崎市より正式に委託を受け、そして、障害者自立支援法により、平成 18 年に相談支援事業を行う「障害者生活支援センター」の看板を「あおぞらの街」の事業の中に掲げました。平成 24 年になって、相談支援事業指定事業者として、川崎市の指導により就労継続支援 B 型の「ぞうさん」に移しました。

　さらに、平成 25 年、川崎市の障害者相談支援援助再編成に伴い、法人の施設から独立を指導され、法人本部の横に新事務所「地域相談支援センターいっしょ」(以下「相談いっしょ」)を開所しました。

　行政の指導に応じて、「あおぞらハウス→あおぞらの街→ぞうさん→独立」と相談拠点は移りましたが、平成元年からの長年の相談事業

実践が認められて、今も「地域相談支援センター事業」（5年毎の更新）を委託されています。

● 相談支援専門員の業務とは

川崎市ノーマライゼーションプラン（第4次改訂版）に、「あらゆる障害に対応した相談支援体制の充実」があげられています。その改定に際して、「障害者数の増加と多様化（発達障害、高次脳機能障害、難病、医療的ケアなど）」、「加齢に伴う障害の重度化・重複化、支援のニーズの多様化、」「障害者を抱える家族の高齢化」、「共生社会の実現に向けた取り組み」が背景にあるようです。

また、「相談支援専門員は、障害児者の自立の促進と共生社会の実現に向けた支援と同時に、社会経済や雇用情勢も含めて幅広い見識を有する『地域を基盤としたソーシャルワーカー』として活躍する、スキルが求められます」とあります。ケースワーカーではないのですね。

「あおぞら共生会」では、社会福祉士をその業務に充てています。設立当初から「地域を耕す」ことをしてきましたので、まさにソーシャルワークを実践しています。

相談支援専門員の業務は、「利用者主体」、「個別支援と地域支援」、「地域を基盤としたソーシャルワーカー」ということです。目指す人材は、「当事者である本人中心に考えることのできる、当事者にとって身近な存在」、「相談支援従事者としての役割を自覚し、本人の権利を守る支援を行う」、ことのできる人です。

そして、従事者の姿勢として、「本人主体」、「自己研鑽」、「振り返り」、「言語化」、「協働」、「地域作り」を基本に取り組まなければなりません。親の支援亡き後、最も活躍して欲しく、期待しています。

2）「地域相談支援センターいっしょ」の現在と未来の展望

（1）事業の基本と課題

● よろず相談：障害者の相談に限らず、地域の困りごとの相談も行う。遺産相続の相談にも、行政の窓口など担当部署を提示したり、成年後見制度などをやさしく解説する。

● 公開講座：障害者支援、成年後見制度など行政や関連団体などと連携して実施。

● 啓発活動：自閉症児者の世界を体験など、VR（バーチャルリアリティ）の活用やキャラバン隊と連携して啓発に努める。

● 計画相談の充実：相談支援員の数を増やし対応する。法人に関係する利用者全員を対象とする。

● 研修事業の企画：10年経てば価値観が変わるので、時代に即した研修を行う。

● 地域型相談支援事業（委託事業）は、事業規模として2.5人で一定。計画相談は、事業収入として認められるので、増員を考える。

（2）計画作り

① 目標　相談支援の地域型を維持する。

計画相談は拡充するが「あおぞら共生会」関係者（60人程度）で一段落させる。1人で担当するのは、負担が大きいとも考えられるので、日中事業やGHのサービス管理責任者と連携し効率化を図る。相談支援には新人を充てない方針で、事例検討の多いベテランで運営する。新人を入れる場合、0.5人くらいの気持ちで育成を重視する。

② 10年後の姿：計画相談員、現状2.5人を、3〜5年で3.5人にする。10年間で社会福祉士資格者がどれだけ増えるかで、ローテーションも考える。

③ 計画（資源の掛け方）：京町の場所で実施。要員が増えればその近くで、賃貸とする。

（3）リスク要因

● 川崎市の認可（相談支援地域型）が取れないと打ち切りとなる恐れもあるので、行政に認められるように実績を上げることが大事。計画相談のみでは地域の相談支援機能（あらゆる分野）は不十分となる。

● 個人情報の漏洩については、保管庫を確保すると共に、保管ルールに即して厳重に施錠・管理する。

● 相談者によっては、危険な面（脅迫・暴力問題、ストーカーなど）も考えられるので、危険を感じたら行政に相談し、連携しながら対応する。

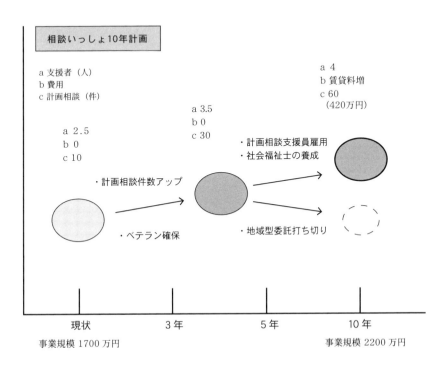

相談いっしょ10年計画

a 支援者（人）
b 費用
c 計画相談（件）

a 2.5
b 0
c 10

・計画相談件数アップ

・ベテラン確保

a 3.5
b 0
c 30

・計画相談支援員雇用
・社会福祉士の養成

・地域型委託打ち切り

a 4
b 賃貸料増
c 60
（420万円）

| 現状 | 3年 | 5年 | 10年 |

事業規模 1700 万円

事業規模 2200 万円

3 人材育成 (求められる人材)

1）人材育成の歴史

● 「あおぞら共生会」の人材の昔と今

平成元年、設立当初、同じ思いと情熱を持った仲間が立ち上がって、外の厚い壁にも一丸となって運動し、前向きなエネルギーで活動していました。意見が違うと一晩中でも討論していました。

また、人が人を支援するということは、必要に応じて「24 時間 365 日のスタンバイの体制」でいることと、親も職員も思っていました。勤務時間や定時など、関係ありませんでした。ボランティア精神、パイオニア精神があふれていた時代でした。

「あおぞら共生会」の組織も小さく「なかよしクラブ」、「職人芸の福祉」だったのかもしれません。意見が合わなくて、喧嘩もしましたが、ベクトルは同じ方向を向いていました。意見の対立が感情の対立（好き嫌い）にならないよう努力しました。

現在、社会福祉法人になった「あおぞら共生会」は、事業を拡げ組織が大きくなってきました。と同時に、福祉の法律が次々と改定や新設され、社会福祉法人改革も行われ、組織の形態が整えられ、論理的な展開が不可欠になってきました。「言語化」「協働」が必須です。

組織が拡大すると共に、異業種からの途中入社も含め、男性職員、学卒の数も増えるようになり、論理的思考の理事長のもと、数字の理解が深まり、計画、進捗状況、報告と結果が見えるようになりました。

● 今、求められる人材

　川崎ノーマライゼーションプランの基本理念は、「障害のある人も
ない人も、お互いを尊重し合いながら共に支え合う、自立と共生の地
域社会の実現を目指す」です。そのためには、個別支援の充実と共に、
「本人主体」の理念のもと、共生の地域社会作りが不可欠になります。

● **基礎になる基本理念（価値）：**
・利用者の思いを尊重し、受け止める姿勢（信頼関係の構築）
・利用者の主体性の尊重
・利用者の権利・尊厳の尊重
・エンパワメントに着目した支援
・意思決定の支援
・プライバシーの保護（守秘義務）　等

● **基礎となる知識や技術：**
・利用者の生活のしづらさの理解（障害特性の理解）
・法制度や福祉サービスの知識
・対人援助技術
・アセスメント力
・ニーズを理解する力
・チームで共同する力
・自己コントロール　等

　最初から何でも完璧な人はいません。実践や研修等を通じて、成長
していける人を求めています。そして、制度に合わせるのではなく、
その人に合わせる思いを大事に、厚い壁を打ち破るチャレンジ精神を
いつまでも持ち続けていたいです。

● 人が人を支援する

福祉の仕事は、「人の幸せを願って支援すること」です。人が人を支援するのですから、まずは相手のことを知ろうと思うことからのスタートです。特性を理解して、適切な支援を行うこと。また、障害を治すのではなく、障害をありのままに認めて、「地域への自立」を願い、地域とのパイプ役になることです。

地域に出る時、その人（職員）の障害の見方（価値観）が、地域の人の受け止め方（価値観）に影響を与えます。自分の支援が利用者にとって適切かどうかは、関わる支援者たちが、様々な意見を出し合って、一番良い方法を模索しながらチームで行うことが大切です。そして、支援のベクトルを合わせるためにも、お互いが認め合うことが大事です。

「あおぞら共生会」は、自閉症スペクトラムの人が多く、支援の対象となる障害を持つ人の、障害の種別、程度、特性も千差万別です。

また、関わる職員の学歴や職歴、家族等生活環境も千差万別です。いろいろな生き方をされてきていて、それまでに培ってきた価値観がそれぞれ違っています。障害のある利用者に対してだけではなく、職員同士も、自分と相手の考え方や様々な違いがあることを認めていくことが大切です。「他の価値観を持つ人から学ぼう」という姿勢も持って、違いを楽しむくらいの想像力や寛容性、許容力が求められます。職員も利用者も、人となりもいろいろです。福祉業界は、まさに多様性の集合体ですから、お互いに違いを認め合うことが必要です。

● 支援スキルの向上のために

今、「あおぞら共生会」の人材育成でやっていることは、「ほう・れ

年3回開催の発達障害研修（佐々木正美先生の講演）　　　発達障害の人の支援に強い相談支援専門員

ん・そう」の徹底です。利用者の日常、通院記録等業務日誌から理事会資料までの記録の書き方、人に伝える文章力（日本語の書き方）、人がわかる論理的な説明（エビデンス）、計画の達成、課題（問題点）の把握力、ＰＤＳＣサイクルの稼働、解決力等の向上です。

　福祉で働くためには、「ノーマライゼーション」「インクルージョン」や、歴史や法律を学び、個々の特性に合わせた支援のスキルを向上し、地域とのコーディネート力やチームワーク（協調性）が不可欠になります。

　自己研鑽のためにも、各種研修に参加し、人間力、支援力を磨いていくことも大切です。「あおぞら共生会」では、啓発と新たなサービスの展開をしたいと考え、障害や権利擁護、制度等の講演会や研修会をしています。特に、「発達障害」に特化した平成17年からは、毎年対外的にも「発達障害支援セミナー」を開催しています。

　それ以前、平成12年「あおぞらの街」設立当初から、発達障害等の勉強会などを企画して、発達障害の利用者に対して、「意味がわからない行動」で悩んでいる親御さんや職員・支援者が共に学び合って、支援のスキルの向上を目指しています。発達障害に特化した研修会は、現在も継続しています。

2）人材育成の現在と未来の展望

（1）人材育成のための研修計画

● **基本的な考え方**：OJT を基本として人材育成をする。そのための必要研修を考える。また、個別の人材育成のための OFFJT も必要に応じて実施。

● **研修の種類**：毎年やるべきものと何年かに一度やる研修とに分けて年間スケジュールを決定する。

・**新人研修**：理念、並びに虐待などの研修。

・**全体研修**：テーマ研修、コミュニケーション研修など。

・**スキル研修**：発達障害などの特別研修、時代に即した研修。

・**事業責任者中心の研修**：施設などの運営、問題提起・解決型の研修。

・**幹部候補生の研修**：財務分析、雇用問題、経営力の研修。

＊**利用者の研修**：就労スキルを考える。余暇時間を活用し、パソコン教室などをやり、就労に必要な事項を学んでもらう。

● **費用**：年間一定額が確保されること（50万円／年）。

（2）賃金の将来図

● **採算性**：職員の給与は、国の手当てから賄われることが基本ベース。給与を上げるためには、事業採算性が高いものを選ばないと増大する人件費を賄いきれない。そのために、採算性の良い事業を行う必要がある。自ら実施している事業での採算性判断が重要と考える。就労継続支援B型や生活介護も採算性は高いが、GHは利益率が高い。このような事業に傾注することが、給料の上昇を吸収できる源泉だと意識する必要がある。老人介護事業に参入することは、採算性をよく考えた上で決断しないと賃金の上昇にはつながらない。老人系のGHの採算性が悪いのは、昼間の介護も含めるから人件費が増大すると思わ

れる。

● 結論：知的障害者のＧＨの数を増やすことが大事。親元を離れた障害者の受け皿になることと、コストカットを図ることで、高利益率を保持しながら運営することが大事。就労継続支援Ｂ型も採算は良いけれど、高い工賃を稼げる仕組みがないと他の施設と差別化できないので、資源傾注には躊躇する。また、高齢者の職員の賃金施策として、常勤職の60才、65才からの2段中折れ策（0.8掛け）の実施が求められる。実力のあるものでも0.9掛けから始めても良い。65才までの間に5年間で昇給を組み合わせることも。意欲を維持する上で大事。

（3）キャリアパスと賃金との連動

現在、社労士と賃金体系を構築中。また、賃金検討委員会を立ち上げる予定。現在の賃金体系の5本立てを改め、一般職、中間職、基幹職の3本立てにし、多くの手当てをできるだけ本給に組み込むようにする予定だが、全ては組み入れない。ただし、キャリアパスとの整合性は取る方向で考えたい。

（4）後継者養成・理事長候補の選定

職員に幅広い経験と実績を持つものがいない場合、外部から招聘する形を考えるが、内部から昇格するケースも考えたい。その場合は、外部から有力者を最高顧問などの役職を作り、迎え入れることを行う。そして、自前の昇格者ではできないこと（M&Aなど）を特別任務として背負ってもらい、将来計画に取り込めるようにする必要がある。

第 2 部

親の支援なき後を考える

　今、日本の法律も国連の障害者権利条約を批准して (平成 26 年)、「住みたい所で、住みたい人と、必要な支援を受けて」が可能になりました。「親の安心のため」の入所施設は国は作りません。でも、親たちは「自分が認知症になって支援できなくなったらどうしようか?」、「自分が死んだら誰がこの子の面倒を見てくれるのか?」と、とても心配しています。

　今の制度で、笑顔で街の中で暮らし、看取りまで看てくれる保障はどこにもありません。人権を擁護し、本人の意思を尊重して、本人の特性を理解して支援する人がどれくらい周りにいるかで、その人のQOLが決まります。

　第 2 部では、親の支援なき後も、どのようにしたら「人として生きる」その権利を守っていけるか、実践事例のいくつかを、モデルケースとして提示して検討します。また、28 年間グループホームで生活され、78 才で亡くなられた E さんの実践例で検討しました。

　支援の事例を提示して、どのような制度やサービスがあれば、親亡き後の支援、さらに看取りまでできるか、皆さんと共に考え、創出できればと思っています。

5 章

地域の中で一生涯
本人の人権を擁護できるか？

　今、家族も地域も関係性が希薄で、脆弱です。「あおぞら共生会」は、「日中活動の場・暮らしの場・地域生活支援」を作りましたが、この 3 点セットの充実だけでは親亡き後の安心は不十分です。

　入所施設と違って、地域はいろんな人がいて、リスクが大です。虐待や詐欺や犯罪にあうかもしれません。

　5 章では、「親の支援なき後」の人権擁護の方策（成年後見制度の利用の有無も含めて）と、「看取りまで」を、各実践例で検討します。

1 リスクが大の地域に親はわが子を残せるのか

1) 親亡き後の不安

● 誰がわが子を守ってくれるのか

　親たちは、親亡き後の安心感のため入所施設を希望してきました。本人が自己決定するのは難しいと思って、親をはじめ、周りが進路を決めてきました。しかし、当事者が 30 年前頃から「地域であたりまえに暮らしたい」と、「全日本手をつなぐ育成会」の全国大会等で訴え始めました。私は、平成 6 年頃から数年「手をつなぐ」の編集委員をしながら、当事者の思いを学びました。

　本人は、入所施設より住み慣れた自宅がいいのです。親にもそれがわかっていますが、福祉が「施設から地域へ」の流れになった今でも、わが子を安心して地域に残しておけないと思っています。虐待事例を見聞きする度に、私も親が亡くなった後が不安で、「わが子より 1 日でも長く生きていたい」と思ってしまいます。

　中国映画「海洋天堂」で、ジェット・リー演じる父親が、癌で余命 3 か月と宣告され「この子（重度の知的障害の自閉症）を残しては死ねない」と、海で心中を図ろうとするのと同じような気持ちを、まだまだ心のどこかに持っている親たちを多く知っています。

　「あおぞら共生会」の利用者の保護者アンケートでも、「独立行政法人福祉医療機構」（以下「WAM」）の実践研究の時に、川崎市の親たち 1,850 名のアンケート結果でも、悩みは「親亡き後の不安」がダ

ントツの１位でした。自分が死んだら誰がわが子を守ってくれるか心配なのです。わが子の看取りまでを誰がしてくれるか心配なのです。

　親は、唯一、入所施設が、「死ぬまで面倒を見てくれるだろう」と思い、まだまだ目に見える建物がある、入所施設を希望しています。

●「人権擁護」の１つに「成年後見制度」がある

　当事者のためには、地域の中の生活を保障し、親の亡き後も安心安全でＱＯＬの高い「暮らしの場」を地域にどうしたら作れるのか、「あおぞら共生会」は考え続けてきました。設立当初から、地域の中に日中活動の場、暮らしの場、地域生活支援事業所等々、「地域生活必須の３点セット」を作ってきました。

　しかし、保護管理された入所施設と比べて、地域はリスクが大です。地域の中には、いろいろな人がいます。自分で身を守れない障害者が、虐待、財産搾取、悪徳商法被害、犯罪被害にあうこともあります。さらに、家族や地域が希薄化、脆弱化していますので気づきも遅れます。

　地域の中で、安心して自分らしく暮らすためには、「人権擁護」の仕組みが不可欠です。本人の人権を守るはっきりした仕組みは、今の所、成年後見制度しかありません。

　私は成年後見制度を学びたく、平成19年に東大医学部主催の「市民後見人養成講座」を１年半受講し市民後見人になりました。当時、この講座も高齢者仕様の制度の説明でした。平成21年、２期生から私は障害者について講義し、受講生の実習を「あおぞら共生会」で受け入れました。現在は、川崎市社協の「あんしんセンター」主催の市民養成講座の講師をし、受講者を「あおぞら共生会」の日中活動の場やＧＨの視察研修を受け入れています。

2）「成年後見制度」とは

● 本人を法律的に支援する制度

　成年後見制度とは、認知症、知的障害、精神障害などによって物事を判断する能力が十分でない人に、本人の権利を守る援助者（成年後見人等[3]）を選んで、本人を法律的に支援する制度です。「介護保険制度」と共に平成12年に制定されました。

　一人で契約することの苦手な人に、契約のお墨付きをくれたり（同意権）、難しい契約を代わりにやってくれたり（代理権）、間違ってしてしまった良くない契約を代わりに断ってくれたり（取消権）等ができます。

● 法定後見の3類型と後見報酬

　成年後見制度には、判断能力がほとんどない人は「後見」、著しく不十分な人は「保佐」、不十分な人は「補助」の3類型があります。

　支援する人を、後見人、保佐人、補助人と呼びます。本人が契約をする際同意できる「同意権」、本人に代わって契約を結ぶ「代理権」、本人が結んだ不当な契約を取り消す「取消権」があり、類型ごとに与えられる権限は異なります。

　最高裁判所の平成30年の集計では、親族以外の第三者で後見人等に選ばれたのは、司法書士が最も多く、続いて弁護士、社会福祉士となっています。

　特に後見人は、「代理権」と「取消権」によって、日常生活に関す

3　後見人等：後見人、保佐人、補助人の総称

る行為を除いて幅広い法的権限が与えられ、面会すらしない人もいて問題になっています。

また、後見活動の報酬は、利用者本人の財産から支払われます。東京家裁は、基本報酬を月額2万円とし、管理する財産額が1千万円を超えて5千万円以下の場合は、月額3万〜4万円、5千万円超は同5万〜6万円とする目安を公表しています。

制度を使うと「一生涯報酬を支払うのが負担」と躊躇される人が多いようです。

● 成年後見人の業務

成年後見人等は、財産管理と身上監護を業務としています。

財産管理：本人の財産を守り管理する。財産の把握と管理、すなわち収入把握と支払いを行います。

預貯金の通帳や保険証書を保管。財産目録や収支状況報告書を作り、定期的に家庭裁判所に報告します。

身上監護（身上監護）：契約を本人に代わって行う等、生活や健康に関する法律行為の支援です。例えば、福祉サービス（通所・GH・入所等）を使う時の契約、アパートを借りる時の契約、財産を相続する時の相続手続きなどを行って、権利を保障します。

一方、権利が侵害された時、侵害から守ります。特に消費者被害でだまされた、虐待を受けた時などは、成年後見制度の効力は大きいです（親族と疎遠、孤立・孤独の高齢者、認知症の一人暮らし高齢者、施設から地域へ移行した知的障害者など、虐待や詐欺のターゲットになりそうな場合には、成年後見制度は役立ちます）。

３）「あおぞら共生会」と「NPO かわけん」

● 「NPO かわけん」の活動

　現在、「あおぞら共生会」のGHの利用者26人中7人が、成年後見制度を利用しています。後見類型1人、保佐類型6人、さらに、利用が必要と思われる人が5人ほどいます。

　「あおぞら共生会」が成年後見制度の必要性を感じた平成19年当時は、障害者の特性を理解して受任する後見人はいませんでした。川崎市に障害者の受任機関の必要を痛感しました。

　平成21年6月に、川崎市内の5つの障害者の親（家族）の会が母体になって、並木隆理事長のもと「ＮＰＯかわさき障がい者権利擁護センター」（以下、「NPO かわけん」）を設立することができました。

　現在、「あおぞら共生会」関係者として、明石洋子（理事長）、田部井恒雄さん（事務局長・社会福祉士）、大石剛一郎さん（理事・後見部長・弁護士）が中心になって、権利擁護活動をしています。

　また、「あおぞら共生会」は、親亡き後のためにも成年後見制度の取り組みが必要と考え、平成22年に、「WAM」の助成金を受けて、「先進的・独創的活動支援事業」として、「地域住民による地域住民のための権利擁護事業」の研究を行いました。また、成年後見制度の課題も研究し制度を使わずに済む仕組みを考えました。

● 「成年後見制度」でできること、できないこと

　平成19年当時、全国的にみても、成年後見制度は、財産管理中心の高齢者が主で、知的障害者の受任は少なく、しかも本人の意思を確

認しないで済む「後見類型」がほとんどでした。

　障害者の場合は、高齢者と違って、財産管理より身上監護の支援が大切で、安心して暮らせるためには、さらに見守りや細やかなニーズを把握する必要があります。これは、当時の成年後見制度の範疇を超えての対応になり、制度上は不可能な話になります。

　川崎市の親1,850名へのアンケートの結果でも、多くの親たちが期待している「頻繁な見守りや緊急時の親に代わる具体的な対応」は、改正された、成年後見制度利用促進法でも難しいようです。

　しかし、弁護士や社会福祉士等専門職でも極めて少数の心ある後見人は、細やかな支援を実践していました。「WAM」の研究として全国の先駆的な事例を視察し、「NPOかわけん」で受託している、「あおぞら共生会」の利用者等の支援内容を調査しました。そして、親亡き後も、安心安全な地域生活ができる支援システムを研究したいと思いました。

　必要な見守りや日常における具体的な支援（直接介護）は、成年後見制度の本来的な目的ではないとすると、別の支援が必要になります。現行の制度で考えると、成年後見制度と「相談支援事業」が連携し、各種の福祉サービスを利用しながら、障害者本人が「自分らしく地域で生きる」ことを支援することが大切と思われます。

　「相談業務」と「成年後見制度」が受任ができる「権利擁護センター」等の機関の充実が期待されますが、現行の福祉制度外では、助成金も委託金もない「NPOかわけん」は、運営上5件以上の受任は難しいのが現状です。全くのボランティア運営で、弁護士や社会福祉士等専門職が関わっています。このまさに先駆的な「NPOかわけん」の活動に、助成金や委託金等の運営の資金が欲しいところです。

2 「WAM」の実践研究 ～4つのモデルで検証～

● 4つのモデルケースと「成年後見制度」

　各地の先駆的実践例を聞き取り、現行の成年後見制度の課題等を調査検討し、特に財産管理より身上監護に焦点を当てて、下記の4人のモデルで研究しました。

　AさんとDさんは両親（70代）がいますが、BさんとCさんは親もきょうだいもいません。Bさん、Cさん、Dさんは「あおぞら共生会」の利用者です。

事例1：Aさん　施設入所者の「後見類型」の事例

事例2：Bさん　GH利用者の「後見類型」から「保佐類型」に変更した事例

事例3：Cさん　GH利用者の「補助類型」申立が「保佐類型」になった事例

事例4：Dさん　サポートセンター利用者の、成年後見制度を使えない理由の解決と制度を使わないで済む人権擁護の仕組みの構築を検討した事例

　この4人の事例をモデルに、家裁の申立から後見人等の受任の仕組み、実際の制度利用の内容等々を検証し、親の支援なき後も、安心して地域で暮らすにはどうしたらいいか考えました。

＊本人特定に配慮し、年齢性別障害程度区分等、個別な情報は省いてあります。

「地域住民による地域住民のための権利擁護事業報告会」・左は当事者（B、C、Dさんも登壇）、右は専門家

● **事例1　Aさん**

親と「NPOかわけん」の複数後見

住居：入所施設　類型：「後見類型」（平成22年審判）

　親の財産分与（最近は預金を下ろすことも難しくなった）の時や施設の契約の時、成年後見制度を使わないと契約ができないために利用。

　Aさんの例では、親として施設に言いにくいこともあり、本人の立場に立った意思尊重の活動をするために、成年後見制度を利用。

　後見人は支援計画の策定時の立ち会いや契約時の内容の精査をする。

　また、入所施設では前例のない外出支援計画を立てて、外部のヘルパーを導入して散歩なども計画した。

・検証でわかったこと

　①重症心身障害者の施設利用者で、契約に際し成年後見制度の利用が必須になってきている（この施設も現在入居者全員に成年後見制度利用を勧められている）。

　②入所施設利用者は、（平成20年頃）意思の確認をしなくていい

「後見類型」がほとんど。

③入所施設は、後見人は高齢の親か、施設利用者が団体を設立して、まとめて弁護士が複数担当している例が多い。

④成年後見制度は、後見人等が仕事の対価として報酬付与申立ができ、裁判所が後見人の報酬の金額を決定する。親が後見人の場合は報酬付与申立を行わない場合が多いので、支払いが発生しないが、親以外の後見人等には、本人の財産や後見人等の支援内容に沿って報酬支払いが発生する。後見人等をつけると、その後一生涯報酬を支払う。親の親権がなくなる20才で成年後見制度を利用し、80才までつけると、60年×月2万円×12月＝1,440万円を後見人に払うことになる。収入が少ない障害者にとって、費用負担が課題となる。

Aさんは、障害基礎年金（1級）のみの収入だが、後見人に支払う報酬は、月2万3千円との審判が出た。報酬を払えない低所得の被後見人等に対して、本人に代わって自治体が後見人等に支払う「成年後見制度利用支援事業」があるが、各自治体で条件も金額もバラバラ。（当時の川崎市は月2万8千円、現在は施設入所1万8千円、在宅2万2千円）。Aさんは所得調査で、貯金があったため使えなかった。家裁の報酬額2万3千円は、上限金額とのことで、「NPOかわけん」では、Aさんの後見報酬を月額1万円にした。

● 事例2　Bさん

後見から保佐に類型変更

住居：ＧＨ　類型：「保佐類型」（平成23年審判）

障害者自立支援法により、知的障害者入所施設から、他区のＧＨ

（他法人運営）に入居。平成21年にそのGHが閉鎖になり、「あおぞら共生会」のGHに入居する。入所施設退去時（平成20年）に成年後見制度を使用しており、被後見人になっていた。

「あおぞら共生会」のGH入所後に参院選があり、GHの利用者と一緒に「選挙したい」と職員に訴えた。個別支援計画を検討する際、本人の意思を尊重して、選挙権について勉強する。「被後見人は選挙権はく奪」という基本的人権侵害が起こっていることに驚く。その後、名児耶さんの選挙権回復裁判運動に参加して、成年後見制度の欠格条項を学ぶ。当時は裁判前だったので、Bさんに関しては、「後見類型から選挙権のある保佐類型へ」変更することにした。

後見人からは、「後見から保佐へ軽くなることはない」と反対されたが、「あおぞら共生会」では、「選挙に行きたいと言う本人の意思の尊重」を大事にしたいと、主治医に「保佐相当」との診断書に記載を依頼し、後見人と再度協議した。名児耶さんの被後見人の選挙権回復裁判開始の流れなどもあり、本人申立で手続きを開始。平成23年6月に「保佐類型」変更の審判がなされた。前例のない審判だった。

・検証でわかったこと

①平成20年当初の「後見類型」は、果たしてBさんに適切だったか、安易に知的障害者を「後見」にしていないか等課題がある。本人はコミュニケーション豊富。休日は一人で外出し買い物もできる。

②課題は、選挙権の問題だけではなく、ある程度自立している人が安易に後見類型になったことが問題。その後、後見ではなく、保佐・補助類型の推進運動を行う（現在、保佐、補助類型が増加）。

　実母死去、実母の姉の養母が養育する。養母が認知症で施設入所した時、Cさんは入所施設に。その後、地域移行でGHに移る。預貯金があり、財産管理の必要性と、認知症の養母以外身寄りがいないこと、本人の将来の不安感が大で制度利用する。

　老人ホームの養母との外出を月1回。「親孝行プロジェクト」を計画、同行。GHとの調整。母が死去しても「僕には弁護士がついている」と安心していた。葬儀や墓参り等に行くことも支援（具体的な支援は、後述の「親亡き後の支援」の実践事例にて）。

・検証でわかったこと
　①補助類型で申立したが、保佐になった。こちらの希望通りにはいかない。決めるのは「家庭裁判所」。
　②「NPOかわけん」の単独受任を希望したが、実績1件（A氏の親と複数後見）のみなので、今回単独は認められず、申立書を持参した理事の「大石弁護士が保佐人」で受け付けされた。実働は「NPOかわけん」がすることで了承（後に、実績を認められ、「NPOかわけん」単独受任が可能になった）。

● 事例4　Dさん
成年後見制度の欠格条項が支障になり制度を使えない
住居：単身生活（住居は親の隣）　類型：なし（申立中止）

被保佐人になると職業である公務員の欠格条項で、職を失うことになるので、「補助」で申立てようとしたが、前例（Cさん）と比較し、「より重い後見や保佐の審判が来る可能性が大」とわかり、失職する危険性が高く、申立を中止した。

・検証でわかったこと

　①成年後見制度には欠格条項が200以上あり、人生が長い障害者は認知症高齢者と比べて、社会参加に弊害が出る。むしろ権利侵害になる、欠格条項撤廃運動が不可欠。⇒　後に、選挙権回復裁判や、欠格条項撤廃運動を行う。現在、欠格条項は撤廃される方向に進んでいる。

　②知的障害、発達障害者に対して、障害特性を理解できる後見人が不足している。「地域に生きる」ためには市民感覚を持ち、障害を学んで支援できる市民後見人の養成が必要と考えられる。

　③成年後見制度を使わずに、「親亡き後も地域に生きる」がどうすれば可能になるか、専門職によるフォーマルな支援だけではなく、日常生活においてのインフォーマルな地域住民のケア・支え合う関係を組み合わせた、一人ひとりの地域支援のネットワーク（セーフティネットを含む）の構築が必要。そのためにはお互いが出会い、知り合う場作り、学び合う関係性などが必要。共感してもらうため地域を耕し、心を耕すこと、啓発がさらに必要だと感じた。

　以上、「WAM」の研究で、「地域生活支援」＋「権利擁護支援」のシステムが必要と考え、障害者仕様の後見ガイドラインが提案できればと考えました。

3 親の支援なき後の伴走者は？

● 大事なのは「人」

親亡き後の安心のために、親は「お金を残そう」と考え、「どのくらい残せばいいのか」や「信託利用」などの勉強会も、今頻繁に開催されています。第三者に伝えるために、特性や好みを書いた「サポートブック」（年をとれば「エンディングノート」）もずいぶん普及してきています。

しかし、親亡き後も幸せになるには、お金を残すより、周りに「知って、理解して、支援する人」をどれだけ増やすかが大切と思われます。「人の支援あっての自立」ですから、大事なのは「人」です。より良い支援者に囲まれながら、「主体的に自由に生きることができるのが幸せ」だと思います。

そのような人生を計画し、伴走するキーマンになるのは、現制度では相談支援センターの相談支援専門員と考えます。「相談いっしょ」の充実を願っています。「相談いっしょ」では、成年後見制度の申立の支援も手伝っています。

●「権利擁護センター」と「相談支援センター」の人（チーム）で

申立のお手伝いができても、後見を受任する実務機関が必要です。「NPOかわけん」が、現在「あおぞら共生会」のGH利用者の3名を受任して、身上監護も重視した細やかな支援を行っています。「相談いっしょ」と「NPOかわけん」がチームになって、意思決定支援

をしながら、利用者の支援を行っています。

　前述したように、国保連の統計のデータ（2019年）によると、施設入所支援は128,380人、一方ＧＨは126,333人です。今後は、入所施設よりＧＨの利用者が増えることは必然になりますから、ＧＨが看取りまでの住まいになるでしょう。現状のＧＨ制度で、重度化、高齢化した利用者を、看取りまでの一生涯支援ができるでしょうか？

● グループホーム入居者の高齢化

　「あおぞら共生会」のＧＨは、平成3年から運営を始めもう28年が経っています。今では、親もきょうだいも身寄りが全くない人も暮らしています。

　現在のＧＨ利用者26人の構成は、70才代（3名）、60才代（4名）、50才代（4名）、40才代（12名）、30才代（2名）、20才代（1名）です（2019年10月1日現在）。障害支援区分は、区分6（2名）、区分5（6名）、区分4（8名）、区分3（9名）、区分2（1名）です。

　60才以上の利用者が7名います。高齢化に対応した支援、例えば、とろみ食や刻み食の食生活、通院同行や服薬管理、転倒防止、尿漏れ、便失禁、通院介助等が必要になります。

　障害の特性理解だけでなく、認知症高齢者の介護知識も研修する必要があります。

● Ｃさんの事例　〜身寄りがなくなって〜

Ｃさんは、「あおぞら共生会」のＧＨと「相談いっしょ」が日常生活に関わり、「ＮＰＯかわけん」が保佐人として支援しました。平成19年に、入所施設から「あおぞら共生会」のＧＨに入居された12年間をお話しします。

● 「あおぞら共生会」の生活支援

Ｃさんの家族は、幼少期に亡くなった実母の姉（養母）です。認知症で老人ホームに入居していましたが、７年前に亡くなりました。叔母がいますが絶縁状態で、現在、身寄りがない状況です。養母が存命の時は、養母にとってもＣさんは心の支えとなっていて、二人の気持ちを汲んで、「親孝行プログラム」などを実施しました。

Ｃさんは、通常の会話が成立しますが、意識的に事実と違うことを言うことがあります。性格は、何事もない時は穏やかですが、イライラした時など、通行人の子どもに暴力をふるって警察沙汰になったこともあります。

また、お金を自由に使いたいという気持ちが強く、保佐人はその気持ちを配慮して小遣いを渡していましたが（盗難予防もあって）、外食でカロリーが多くなり糖尿病になってしまいました。その後、保佐人はお金を制限しています。

寂しがりやで皆と仲良くしたいのですが、ＧＨの仲間からも避けられています。一人で首都圏の繁華街を散策したり食事をしたり、また、

ヘルパーとの外出、ＧＨの旅行等が好きです。注目されることが好きで、成年後見制度関係のシンポジウムで発表するなど、積極的に登壇しています。

　現在の生活と福祉サービス等の利用については、「あおぞら共生会」のＧＨを365日利用し、「相談いっしょ」を随時利用しています。問題が起きるたびに関係者が一堂に会して、「相談いっしょ」を中心にケア会議を開催しています。

　日中活動は、最初は就労継続支援Ｂ型、次いで生活介護事業所等他法人の障害者通所施設に通っていましたが、「定年だから働かない。自由にしたい」と言って行かなくなりました。

　しかし、毎日あちこちに出かけ昼食が外食になり、糖尿病を発症して入院。今は退院して薬物治療、運動療法、食事療法を行っています。

　お菓子などの買い食いを一切やめ、糖尿病食の昼食を「あおぞら共生会」の本部で食べるなどして、周りがＣさんの食事に気をつけたところ、体重が減り、現在、糖尿の数値は正常になり、小康状態を保っています。養母が糖尿病であったため、今後も発症に気をつける必要を感じています。「あおぞら共生会」本部での昼食は、糖尿病食を用意しています。

　日中自由に遊び回るとリスクが大になるので、以前の生活介護通所施設に週１回から始めて、現在は週３回程度行き、時には「ぞうさん」に来て、皆と交流しています。ＧＨでは、外食の時も食べたものを本人にデジカメで撮ってもらってカロリーの確認をしています。

　移動支援（ガイドヘルパー）は、「あおぞらの街」を月に２回程度利用して、ヘルパーさんと新幹線などを使って京都など希望の場所に旅行しています。

医療・健康に関しては、糖尿病治療のため内科通院の他、めまいが
するとのことで本人の希望で失神外来に通院、また精神科には定期通
院しています。通院には、GHのサービス管理責任者や世話人が同行
して、通院記録をつけて、常時健康管理に留意しています。

● 「NPOかわけん」の後見業務　（事務局長・田部井恒雄さんより）

　Cさんは、平成22年12月に、成年後見制度の利用として補助類
型で、「NPOかわけん」が補助人候補者として本人が申立をしました
が、家裁から補助類型ではなく保佐類型であること、保佐人は「NPO
かわけん」では実績がないので認められないと言われました。

　そこで、「NPOかわけん」の理事である大石弁護士を保佐人とし
て申立をし、平成23年2月に保佐類型で認められました。

　毎月、保佐人である大石弁護士に面会するため、東京の弁護士事務
所に「相談いっしょ」の相談員が同行しました。その後、平成28年
に「NPOかわけん」もその実績を認められ、保佐人として大石弁護
士から引き継ぐことができました。

　「NPOかわけん」でCさんの担当者を決める時に、スタッフ数人
の中から本人に選んでもらうと、彼が選んだのは、年配の女性でした。
「ママみたいだから」との本人の言葉でした。養母と本人との強い絆
を改めて感じた瞬間でした。

（1）権利擁護の視点において、自立上の支援

① 財産管理

● 銀行口座

　Ｃさんは、もととなる銀行口座（保佐人名義）と通常利用の銀行口座（本人名義）を持っています。日常生活では、ＧＨの事務所「きんもくせい」（チェック機能の役目）経由でＧＨ世話人に小口現金を預け、生活費や小遣いとしています。銀行を利用する時は、できるだけ本人も同行してもらっています。

　本人名義の口座には、年金が入金され、ＧＨの利用料や携帯電話代などの経費の支払い、小口現金の引き出しを行っています。不足してきた場合に、もととなる銀行口座から通常利用の銀行口座に１年分程度の金額を振り込んでいます。

● 小遣い

　小遣いは、本人が十分に生活を楽しめる程度の金額を渡すと共に、時々新幹線などに乗って遠方に出かけたいと申し出があると、その資金を渡しています。

　以前は、養母への「親孝行プログラム」（後述）の支出は大きかったのですが、重要な行為、財産の有効な使い方と考えています。十分な親孝行ができて本人は満足していると思います。

　一見無駄と思われる支出もありますが、それも良いと考えていました。しかし、過食をして糖尿病になったので、ＧＨと保佐人の間で管理して、お金は制限中です。

● 工賃と預金

　通所先を変えて工賃が少なくなりましたが、通所意欲を維持するために、通所した日数に応じて「精勤手当」として、本人の小口現金から本人に渡しています。

毎月、保佐人との定期面談の時に日数を数えて渡していますが、本人は通所のモチベーションになり、とても楽しみにしていました。

もととなる銀行口座の預金残高は減少しましたが、なくなれば生活保護を受ければ良いという方針で、関係者間で相談しています。

② 身上監護

● 通所先の変更

Ｃさんは、作業中心の通所事業所（就労継続支援Ｂ型）に通所することが辛くなったため、「相談いっしょ」と協力して他の通所先を探しました。１カ所目は、本人が不安定になった時に的確に対応できず、短期間で辞めました。

次に、重度の人が通う通所施設を探しました。自閉症で大きな声を出す人がいましたが、Ｃさん自身が落ち着ける場所があったり、職員がよく話を聞いてくれるなどの対応で落ち着いて続けていました。

しかし、３年頃前から、「うるさいから行きたくない」「60才で定年だから自由にしたい」と言い始めました。そこで、通所事業所とも話し合い、60才になったので「自由に過ごす日を増やし」、通所先には生活のリズムを保つため「週に１回だけ通所すれば良い」ことにしました。これらの通所事業所との契約を「ＮＰＯかわけん」が保佐人として行いました。

● 信頼関係

「相談いっしょ」のサービス等利用計画（計画相談）、ＧＨの個別支援計画と他法人の通所事業所の個別支援計画に、署名捺印をしています。そのための会議には、本人と共に参加し、本人の立場に立って発言して計画に反映させています。

ＧＨと通所事業所を訪問したり、様々な機会に月1回以上本人と面会して様子を観察したり、気持ちを確かめたりして信頼関係を深めています。また、関係者との情報交換と信頼関係の醸成に努めています。

　Ｃさんから、時々携帯電話から電話があるのを受けていますが、その内容は、中学生に馬鹿にされたなどという不満や、お金を使っても良いか認めてもらいたいなどです。

● 生活支援

　Ｃさんに、「ママに親孝行をしないか」と提案し、「相談いっしょ」と協力して、養母を認知症老人ホームから連れ出して、「親孝行プログラム」を実施しました。

（2）権利擁護の視点において、日常の生活上支援

● ブーツの趣味

　Ｃさんは、女性のブーツに興味があり、ＧＨの自室の押し入れの中の大きな段ボールに何足も入っていました。買うことも楽しみになっていたようです。ショッピングセンターにブーツを買いに行った時は、欲しいブーツが10万円近くだったので諦めたこともありました。

　外で履くと変な目で見られるから、自分の部屋の中で履けば良いと約束しました。今後、次々と買って「大きな段ボールに入りきらなくなったら捨てる」と約束しました。

　少し変わった趣味でお金もかかりますが、欲しい時は購入するように伝え、盗むことを防ぐためにも自分の責任ですることであれば「一般的に愚かと思われることをする権利（愚行権）」を認めることにしていました。

現在は、関心が薄くなったのか、購入していません。まだ数足はＧ
Ｈの自室の押し入れにあるようです。

● 親族とのつながり

　Ｃさんは、養母が大好きで、50才を過ぎても「ママ」と呼んでい
ました。養母が入居した認知症老人ホームには、毎週日曜日に面会に
行っていました。「ＮＰＯかわけん」の保佐人と「相談いっしょ」の
職員も時々同行しました。面会に行くと、養母は認知症とは思えない
しっかりした口調で「しっかりやっているの？」と本人に話しかけ、
本人も「ちゃんとやっているよ」と答えていました。会うことがお互
いの支えになっていたのだと思います。

　そこで、「親孝行プログラム」を企画することにしました。車いす
の養母のトイレ介助のために、「相談いっしょ」の女性職員が付き添
いました。福祉タクシーを頼み、１回外出すると１万円程度かかりま
したが、本人にとっては大変有意義な支出だったと思います。

　１回目は、養母が元気だった頃に２人でよく行った武蔵小杉のレス
トランでした。２回目は、事業所でＣさんの仕事ぶりを義母に見て
もらうことでした。養母は嬉しそうにＣさんの作業ぶりを見て、職
員に「この子をよろしくお願いいたします」と言っていました。認知
症が止まっていた瞬間だったようでした。やはりＣさんを育てた母
なのですね。しかし、３回目に予定していた初詣は、養母が亡くなっ
てしまい、実現できませんでした。

　養母の葬儀、四十九日、一周忌、三周忌の法要にも、本人にＧＨ職
員が付き添い、「あおぞら共生会」や「ＮＰＯかわけん」の関係者が
多く参列しました。

葬儀に参列した叔母（実母の妹）がいますが、病弱で「もう縁を切るので連絡しないでくれ」と言われ現在音信不通です。

　行方不明と言われていた実父が、市内の高齢者のGHにいることがわかったのは、義母が亡くなってすぐでした。面会の可能性を問い合わせましたが難しいようで諦めました。その後、亡くなったとの連絡があり、簡単な葬儀に本人と参列しました。

● 問題行動への支援

　養母が亡くなった年に、羽田空港でトラブルを起こして空港警察に保護され、GHの職員が引き取りに行きました。事件にはならなかったので、すぐに帰してもらうことができました。

　その翌年には、通所していた事業所の帰り道にあるコンビニで、ぶつかってきた子どもに暴力をふるったとして、店員の通報で警察に逮捕されました。子どもの親から被害届が出されたため10日間拘留されました。

　幸い、子どものけがは軽く、親も理解を示してくれました。大石弁護士が保佐人として対応してくれて、被害者の子どもの親と示談書を交わすことができ、釈放されました。

　その間、毎日「あおぞら共生会」の職員が面会に行きました。釈放の時、警察官と握手するなど、良くしてくれた人への本人らしい行動もありました。本人としては、十分に反省した様子でした。

　この事件の後、今後の対応を検討するために関係機関との連携を取りました。そして、その一環として更生相談所で心理検査や助言などを受けました。絶対に二度とこのようなことにならないように、関係機関との協議を何度も行いました。

通所の時に被害にあった子どもに会ってしまうと、その子どもが怖がってしまうことが考えられたため、1カ月間「あおぞら共生会」のヘルパーが同行し、さらに通所経路を変えました。

　関係者間及び本人と話し合って、通所先の変更をしたほうがいいとなり、いくつかの事業所を見学しましたが、気に入らず、若い女性職員がいて、気に入った生活介護事業所に通うようになりました。

　しかし、彼女が異動したら、また「利用者にうるさく騒ぐ人（自閉症の人）がいる」「やる仕事がない」等と、いろいろ理由をつけては、生活介護事業所に行きたがらなくなり、トークン（ご褒美）等工夫しましたが、週1回（時には月1回）になり、最後は「60才は還暦なので定年で退職する」と言いました。本人の自己決定を尊重しようとなり（仕方がないと支援者は諦めて）、ＧＨの生活だけになりました。

　ＧＨは、日中は通所先支援のため、Ｃさんは日中自由になり昼間あちこちに行きました。昼食は外食でカロリーの多い好きな食事ばかりの毎日を送ったため、糖尿病を発症し即入院しました。これは健康を損ねるので、愚行権などと言ってはおれないと、ケア会議を開き、医師の指導のもと、退院後は食事等生活のコントロールをしています。

　ＧＨでカロリーをコントロールし、昼食時に寄る「あおぞら共生会」本部では、糖尿病食の昼食を用意しています。日常会話では励ましたり、褒めたりして、皆が関心を持っていることをアピールして本人のやる気を伸ばしました。

　週3回ほど通所施設に行くようになりましたが、あいかわらず他の日は外出して、東京や横浜などに遊びに行きます。

　買い食いしないようお金をコントロールしていますので、遠方には行けないはずですが、大金を持っていることがあり、盗んだのではな

いかと心配していました。Ｃさんに問いただすと、本人は「拾った」と言っていましたので、ＧＨの職員が付き添って警察に届けるなど、その都度対応しています。

　また、「時々めまいがして失神する」（実際東京駅で倒れて救急車で運ばれました）という本人の訴えで、失神外来やセカンドオピニオンの病院に通院しています。現在、医師の診断で心電図のモニターのチップを胸にはめ込んでいます。

　親きょうだい親戚等、関係を持つ身寄りが全くないので、本人の不安感があるようです。Ｃさんは人恋しいほうなので、会えば話をして寂しさの訴えを聞いています（帰る時は、必ずじゃんけんをします）。親族がいない寂しさを、何で埋めることができるか思案中です。

　現在、通院先が４つあるので、ＧＨの職員が通院同行して、健康管理もＧＨの個別支援計画にきちんと落とし込んで、「あおぞら共生会」（ＧＨ、相談いっしょ、あおぞらの街）と「ＮＰＯかわけん」で、日々情報交換しながら、Ｃさんの日々を見守っています。

　だんだん高齢になり、日中活動（通所施設）に通えなくなった時、ＧＨの支援だけでは難しいので、「あおぞら共生会」では、重度化・高齢化対策の検討をしているところです。

　支援も「自己決定に基づく個別支援」になりましたが、知的障害・発達障害を持つ人たちは、その自己決定そのものに支援が必要です。

　Ｃさんの事例でもわかるように、反社会的行動には、自己決定をする前の意思形成の段階から考えなくてはなりません。支援者側に、「思いを育て、思いに寄り添う」心意気、そして「思いをくみ取る豊かな感性やコミュニケーションスキル」が不可欠になります。

4　グループホームでの看取りまでを実践

● Eさんの事例

　現在、60才以上が7名（70才以上が3名）もいる「あおぞら共生会」のＧＨで、「高齢化対策をどう考えれば、看取りまでできるか」を考えたいと思っています。

　その中で、「あおぞら共生会」のＧＨに、28年間生活し、看取りまで実践したＥさんの事例をお話しします。

　Ｅさんは、「あおぞら共生会」のＧＨの個別支援計画で、「成年後見制度の利用が必要」となり、「ＮＰＯかわけん」に相談し、保佐人として保佐申立をしました。亡くなるまでの4年間、「ＮＰＯかわけん」と共に支援をしました。

　平成26年、本人の兄（90才代）が認知症を発症していたので、兄の息子（甥、60才代）に成年後見制度の利用を勧め、甥が申立人となり、甥と「ＮＰＯかわけん」との複数後見で、保佐類型で進めることになりました。

　その後、生活保護を受給しているため成年後見制度利用支援事業の申請を検討しましたが、Ａさんの時と同様に若干の預金があるため申請しないことになりました。

　申立人と役割を分担して、申立の準備をし、戸籍謄本の取得や親族

の同意などは甥が、その他の生活に関わることなどは全て「ＮＰＯか
わけん」が担当しました。

●Ｅさんについて　（詳しい障害名等、記載の許可をいただいています）

　Ｅさんは、男性です。50才から70代後半までＧＨに入居してい
ました。療育手帳Ｂ１（中度）、精神保健手帳（２級：統合失調症）、
障害程度区分５、介護保険の要介護度２です。
　長年大阪で日雇い生活をして、失業後川崎に戻りホームレス状態の
生活をしていたようで、実家との交流が長期間ありませんでした。
　Ｅさんは、突然実家を訪ねたようです。その時、長兄は認知症で、
介護中の甥が、叔父（Ｅさん）の来訪に困って、役所に相談をしたよ
うです。
　区役所から「ＧＨあおぞら」を紹介され、ＧＨ運営委員会（運営委
員長・明石洋子、世話人・石川泰治さん）で検討後、Ｅさんが50才
の時入居しました。それから亡くなるまでの28年間、住民票の住所
はＧＨにありました。
　当時のＥさんとのコミュニケーションは、日常生活には困らない
程度でしたが、幻聴があり事実でないことを主張することがありまし
た。作業所に通い、自立度は高かったです。高齢になって、嚥下障害
があり、医師から食べ物は刻み食で、飲み物にはとろみをつけるよう
に指示され、ＧＨで食事の工夫をしていました。
　また、統合失調症の幻聴に加え軽度の認知症を発症し、ＧＨの場所
がわからなくなったため、一人での外出は難しくなりました。

また、人にお金をあげたり、危険への認知力の衰えがあり、そのため常時の見守りが必要となりました。

　Eさんは、たばことお酒が大好きでした。たばこに関しては、火事になることが心配でした。その後、医師から禁煙を言われ、たばこを止めました。GHの近くを毎日散歩し、缶酎ハイや缶コーヒーを毎日飲むことなどは晩年まで続きました。

　認知障害や嚥下障害が出てからは、アルコールも嚥下障害性肺炎になるので制限しましたが、本人も自覚しているのか、晩年は素直に聞いてくれました。

　病気と生活の制限との兼ね合いが難しく、親であれば責任は取れるので、「まぁいいか」と許容する場面も、GHにとっては何かあったら責任を追及されるので、医師の診断を仰いで、制限せざるを得ませんでした。

　他法人運営の障害者作業所（地域活動支援センター）から、70才過ぎに高齢者デイサービスに変わり、デイに週5回、「あおぞら共生会」の日中一時支援に週2回通っていました。

　その後、癌になり高齢者デイサービスが使えなくなり、日中支援の場がなくなったので、前例のないことですが「あおぞら共生会」の就労継続支援B型の「ぞうさん」に通所しました。「ぞうさん」では、ベットを用意し、寝たり起きたり、気分のいい時は若い利用者と作業をして、楽しく交流していました。

　壮年時は、自由に遊びに行き、高齢になってもGHのお正月旅行等も毎年参加していました。

　しかし、24時間常時の見守りが必要になりましたので、「あおぞら共生会」で、GHの支援員を中心に支援のネットワークを構築しまし

た。特には、自由契約でヘルパーを利用して見守りを依頼し、GHでの生活を維持していました。

● 「NPOかわけん」の後見業務（事務局長・田部井恒雄さんより）

保佐類型・法人の担当者2名（社会福祉士1名、精神保健福祉士1名）

① 財産管理

Eさんの小遣いは、嚥下障害になってからは渡していません。嚥下障害があるにも関わらず、自分で好きな飲み物をとろみをつけずに飲んでしまう危険性が大きかったためです。

しかし、支援者の見守りがあればとろみをつけずに好きなものを少し飲食することができました。少しでも楽しみが多く持てるように、支援者の協力を求めました。

生活保護を受けていますが、支出は少ないため、該当するサービスがない時は、時々は自費でヘルパーを利用することができていました。

② 身上監護

Eさんは、嚥下障害が重症化したために、障害者通所先ではない他法人の地域活動支援センターから、「昼食の対応ができない」と利用を断られてしまいました。そこで、GHと「相談いっしょ」と検討し、本人の同意を得て高齢者デイサービスを利用することにしました。

地域包括支援センターに連絡し、介護認定を受けました。送迎サービスがあり、本人に適していると思われる静かな環境のデイサービスを紹介され、本人と共に見学し決定しました。

しかし、癌が発症し重度化し、デイサービスを断られ困ったので「あおぞら共生会」に頼み、就労継続支援Ｂ型の「ぞうさん」に、前例のないことでしたが、移行しました。通所は、ＧＨ職員の介護付きです。「ぞうさん」の職員には、食事や介護でお世話になりました。

　「ＮＰＯかわけん」は、高齢者デイサービス、日中一時支援、自費のヘルパー利用など、契約の手続きをしました。

　また、「相談いっしょ」のサービス等利用計画（計画相談）、ＧＨの個別支援計画、高齢者デイサービスの介護支援計画、その後「ぞうさん」の個別支援計画に署名捺印をしました。そのための会議に本人と共に参加し、本人の立場に立って発言して計画に反映させていきました。

　「ＮＰＯかわけん」では、様々な機会に月１回以上本人と面会して様子を観察したり気持ちを確かめたりして、信頼関係を深めていました。また、関係者との情報交換と信頼関係の醸成に努めました。

③ 生活支援

　嚥下障害への対応を確認するために、専門医への通院にＧＨ職員と同行しました。少しでも本人が好きなものを飲食できるための条件を聞き、ＧＨでの食事作りの支援員の心配も説明して、協力してもらいました。歯が一本しかなく入れ歯を使っていましたが、入れ歯を嫌がり歯茎で噛んでいました。

　最初は「支援者がいる時は、よく噛んで食べるように声掛けして、普通食を食べて良い」という許可を取ることができましたが、その後とろみ付きの食事、そしてペースト状、ゼリー状でないとだめになっていきました。

●Eさんの医療記録とその対応

　Eさんは、平成27年秋頃より、様々な病気やケガをするなどがあり、病院にGH職員の他、「NPOかわけん」も契約のため付き添うことが多くなりました。

　平成27年10月：腸のヘルニアを発症し入院・手術（市立病院）「相談いっしょ」での計画相談作成の会議などにも参加（適宜）。
　平成27年11月：嚥下障害が発症したため、GHの職員と共に通院し、医師の見解などを聞き、生活の仕方等についてGHの職員と協議。
　平成27年12月：地域活動支援センターMでは、昼食時に嚥下障害への対応ができないということで退所の要求がありました。本人も通所の意欲を失い退所。GHでは、食事を作る生活支援員に症状を伝え、刻み食やとろみ食など、本人が食欲が出るよう工夫して食事作りを「個別支援計画」に明記してもらいました。
　平成28年1月：鼠径ヘルニアを発症し、前回と同じ市立病院に入院し手術。
　平成28年3月：GHの前で転倒し肘を骨折。市立病院で手術。手術をしたのにも関わらず、本人はそれを覚えていなかった。認知症の症状が出てきたようです。
　平成28年4月：日中の過ごし方を検討し、高齢者のデイサービスを利用することにしました。介護保険の介護認定を受けると共に、デイサービス事業所を探しました。Sデイサービスに通所することが決

まり（週に5日）、ケアプランを作成するための居宅介護支援事業所Rに契約しました。「あおぞらの街」と日中一時支援事業の利用契約。Sデイサービスに定期訪問。本人が楽しんでいる様子を確認すると共に職員との信頼関係を築くように努めました。

平成28年7月：嚥下障害の検査に立ち会いました。食べることは誰にとっても大きな楽しみなので、できるだけ支援したいと考えました。医師の助言で、嚥下障害があっても、支援者がそばにいて食べ方について助言するなどして対応すれば普通食を食べても良い、とのことだったので、そのような機会を月に1回以上は作るようにしました。お寿司が好きだったので回転寿司に行ったり、一緒に缶酎ハイを買ってトロミをつけずに飲んだり、ケーキを買って食べたり等を、保佐人として月1回は行いました。

平成29年3月：預金が多くなったので、生活保護の打ち切りについての保護課での面談に同行し、打ち切りが決まりました。

平成29年7月：帯状疱疹、膀胱にしこり、白内障など通院が多くなり、GHに同行を依頼しました。また、消化器検査の結果、癌の可能性があると診断されました。

平成30年1月：デイサービスには行きたくないと言い、「ぞうさん」に通所するようになりました。「ぞうさん」では若い人と一緒で楽しそうに一生懸命作業をしていました。

平成30年2月：体調不良の訴えがあり市立病院で検査したところ、直腸に末期癌が発見されました。余命3カ月とのこと。A病院を紹介されて緩和病棟に入院しました。「あおぞら共生会」のGHや「ぞうさん」の職員や利用者の仲間たちが毎日のようにお見舞いに行き、車いすでの散歩や買い物など支援しました。「桜は見れない」との診断

でしたが、「あおぞら共生会」の職員と花見もできました。

　平成30年9月：緩和ケア病院は、余命3カ月の予定での入院でしたが、8カ月が過ぎ予定以上の入院期間となったため、A病院から退院するように言われました。

　平成30年10月：癌の治療（疼痛管理）が必要なため、GHに戻ることはできず、ホスピスを探しました。本人と東京のホスピスを見学しましたが、知的障害があることを理由に入居を断られました。やっと、川崎市中原区のケアホスピスに入居しました。その後、頻繁に甥が面会に行き、「あおぞら共生会」のGH職員と保佐人も毎週面会に行きました。

　平成30年12月：癌が悪化して病状が急変し、12月19日に亡くなりました。

●その後の支援

　「NPOかわけん」は、保佐人としての手続きを行いました。その中で、甥のFさんが、相続人となる実子（離婚したため親権なし）の一人と連絡を取ることができました。しかし、葬儀に来られない状況のため、Fさんが喪主となって葬儀を行いました。

　葬儀には、「あおぞら共生会」の理事長含め職員や利用者が多数参列し、「NPOかわけん」も同席しました（最後に入院していたホスピスの人は誰も来られなかった……）。

　わずかな遺産（現金少々）は実子に相続しましたが、その実子が相続金の一部を「あおぞら共生会」に寄付してくれました。

「あおぞら共生会」では、入院中に E さんの荷物を置いたまま部屋を確保していたので、他の人が入居できず、GH支援費が入りませんでした。人件費等 400 万円の赤字が出ていました（この課題を解消しないとGH利用者全員の看取りは難しいですね）。

通常の生活の中では、主に「あおぞら共生会」（GHとぞうさん）が、意思を尊重した生活支援をし、「相談いっしょ」と「NPOかわけん」が、権利擁護の点で気持ちを支えましたが、癌が発見されてからは治療の同意をはじめとして親族の甥の F さんとの関りが深くなり、本人の気持ちを支える大きな力となりました。

E さんは、人と関わりながら、笑顔で自由にあるがままに、地域で暮らせた 78 年間だったと思います。

・甥の F さんからいただいた「あおぞら共生会」へのお礼の手紙

甥の F さんは、11 年前に単身赴任先から戻られた 59 才の時から、E さんと交流されていたそうです。F さんは、高齢の父母の介護があり、E さんの支援は「あおぞら共生会」に託されていました。

F さんからいただいたお手紙には、

「NPOかわけん」に保証人を依頼してからも、A 病院入院中もホスピス生活の間も、亡くなるまで、GHの支援を離れているにも関わらず、今まで通り生活面全てでご支援をしていただきました。27 年間にわたって、生活全般において物理的かつ精神的に、そして多大で

私も一緒に、平成 31 年 4 月のお花見ができました　　　緩和病棟をバックにＧＨサビ管とＧＨあおぞらの世話人

　親切丁寧なご支援をいただいたことは、親族にとって非常に大きな助けとなりました。

　感謝しても感謝しても、し尽くすことはありません。誠にありがとうございました。

　「あおぞら共生会」も、看取りまで支援できてよかった、看取りまで何が必要かを学ばせていただいた、とありがたく思っています。

各ＧＨ責任者が、三役及び相談いっしょの職員等関係者と一緒に
ＧＨ利用者全員の近況報告及び課題検討をしています。

5 「地域で一生涯暮らすこと」の検証

●「我が事・丸ごと」

　最近、「地域共生社会」が叫ばれ、「我が事・丸ごと」と言った言葉を福祉の冊子の中で目にします。これは、平成28年、厚労省が使い始めた呼び名です。

　公的サービスを受けるだけではなく、地域住民（障害児者含む）が、支え手と受け手の両方になってお互いに支え合いながら（インフォーマルな支援）、自分らしく活躍できる地域作りを言うようです。

　支え合いのコミュニティ作り「我が事・丸ごと」は、いろいろな生活上の問題（課題）を他人事でなく、「我が事」としてとらえ、その課題の取り組みを公的制度やサービスの縦割りではなく、「丸ごと」受け止めていく仕組み作りや地域作りのようです。

● 支えられるだけではなく、支える人に

　このような地域作りは「あおぞら共生会」が、何もサービスがなかった時代に実践していたことです。相談支援事業もたらい回しにしないで、「ワンストップで行おう」「どうしてもできない時はしっかりした専門家につなごう」「私は関係ないとは言わないでおこう」と話し合って、実行してきました。

　障害がある人が、公的サービスの受け手、支えられる人としてだけではなく、地域の人から「ありがとう」と言われる関係作りも、「あなたがいて助かった。あなたがいると安心」と思われる支える人とし

て、存在感を発揮できる地域を目指すことが、生きがいにもなると思い活動してきました。

　お互いに支え合う街は、違いを認め合える街で、穏やかで、許容量のある、生きがいのある、優しい地域になります。

● 地域に開かれた施設を

　2020 オリンピック・パラリンピック東京大会を契機に、川崎市がイギリスのホストタウンになることから、「かわさきパラムーブメント宣言」を川崎市福田市長が打ち出し、「誰もが自分らしく暮らし、自己実現を目指せる地域作り」「一人ひとりが、尊重される環境作り」を目指すという理念を出されました。

　その１つに、平成 30 年の市政要覧の冊子に、「個性がチャンス！やさしさムーブメント」という特集で、徹之が紹介されました。

　川崎市は、「めざせ！やさしさ日本代表！」をキャッチフレーズにしています。今が、地域作りのチャンスかもしれません。

　１つの事業所が、高齢者から障害者、子どもまでの福祉サービスを提供できるようになれば、利用者間で支え合い、お互いに「誰かのために役に立つ」ことが実感でき、生きがいになるのではないかと考えています。

　地域に開かれた施設で、地域の人に日常が見えて、地域の人が「楽しそう。何か役に立ちたい。ボランティアでも行こうかな」と思える、地域に根付いた施設を、「あおぞら共生会」は目指していきたいと考えています。

● ２つの事例について

　Ｃさんの事例については、障害者支援の事業所が、高齢者向けのヘルパー派遣やデイサービス運営等も可能になればいいと思っています。

　ＧＨでも、障害者も高齢者も一緒に入れるよう、これらの規制緩和を期待したいです。同じＧＨに親子で入れれば、日々会うこともできるので、挨拶も会話もでき、車いすを押して散歩に行くなど、生涯親孝行もできます。

　親は亡くなるまでわが子と会えますし、わが子の支援者を観察できますので、子どもの将来に安心感を持てるのではないでしょうか。親孝行プログラムを計画実践して、実感しました。このようなシステムの構築を、行政に提案したいと思います。

　Ｅさんの事例については、ＧＨの経済的負担が大きくなったのは、「あおぞら共生会」が、「入院した場合３カ月を過ぎたら、ＧＨを退去する」（高齢者ＧＨは「２カ月入院したら退去」とのこと）という規約を、実行しなかったからです。

　ＧＨでは、それまでもアルコール依存症の治療で、１年間に３カ月入院を２回した利用者や、旅行中の骨折で４カ月のリハビリ入院をする人もありました（入院等でＧＨ不在の間は支援費はもらえません）。

　しかし、入院してもその後の受け入れ先がない場合や、自宅に戻りたくない（戻れない）、「ＧＨに帰りたい」と本人が言う以上、退去を言うわけにはいきませんでした。

　Ｅさんの場合も「余命３カ月」と宣告されたのと、住民票はＧＨなので、「看取りまでＧＨでお世話しよう」と「あおぞら共生会」で決めました。本人の思いを知り、「ＧＨに戻りたい」と自己決定した場

合、退去を言うことはできなかったのです。

　ＧＨの支援費が入らない入院中でも、毎日訪問して散歩や買い物などの支援をしました。このような場合、ＧＨの人件費の加算費等の仕組みがあったらいいのですが。

● 現行の「成年後見制度」の問題点

　現行の成年後見制度の「後見類型」は、後見人が本人に代わって意志を代行する「代行決定」です。知的障害者・発達障害者に長い人生の中で、「本人の意思を確認しないで良い」とするこの制度は、権利条約にも抵触する（人権侵害になってしまう）恐れがあります。

　本人の気持ちに寄り添うには、長期にじっくり付き合う、信頼関係を作る、支援方法を工夫する（支援のスキルの獲得）等々、時間と労力がかかります。「NPOかわけん」では、細やかで配慮ある支援をしましたが、現在の制度で全ての後見人等が配慮されるかは、難しいでしょう。

　また、知的障害者にとっては、認知症になった高齢者と違って、親に親権がなくなる20才以降から平均寿命までの長期間になり、報酬の面でも財力がありません。支援も、「財産管理」より「身上監護」の支援のほうが大きくなりますが、この点でも使い勝手が悪いように思えます。

　平成28年に成年後見制度利用促進法ができて、これらの課題が徐々に改善されてきましたので、今後の制度改革に期待したいと思っています。

コラム　グループホーム旅行

　GHは、平成3年のスタート時は両親が健在で、「土日は自宅で」という週5日組が多数でした。しかし、10数年経った頃、親の体力低下や認知症等で、「自宅で看れない」という人が出てきて、お正月やGWの長期休暇の過ごし方を検討せざるを得ませんでした。

　その結果、平成21年から、GH旅行を計画しました。全GH一同に会しての2泊3日の旅行です。職員は、「お正月は休みたい」とのことで、理事長はじめ経営陣や独身職員等、ボランティアを募りました。

　第1回は、「初詣を善光寺で」、その後は、日光東照宮はじめ神社仏閣の参拝や、熱川で「太平洋から登る初日の出を露天風呂から拝もう」なんて魅力的な企画にして支援者を募りました。参加者は楽しかったようで、お正月は実家に帰っていた利用者も「お正月旅行に行きたい、自宅には3日から帰る」となって、総勢40人を超えるようになりました。

　21回目になる平成30年元旦の旅行で、手すりのない階段等で滑って倒れこむ人も出て、支援者が抱きかかえて腰痛に。

　今は、GH利用者も理事長はじめ支援者も高齢になって、一斉の旅行は以前と同じ行動がとれません。平成31年からお正月旅行は中止にして、日帰りの初詣にしました。利用者の皆さんは残念がっています。

　それでは、暖かい沖縄旅行でも計画しましょうかしら？

6章

親亡き後の支援を考える

徹之の子育てと共に

親や兄弟がいる間はいいが……

　親亡き後、託された人の感性や、価値観や、支援のスキルの有無で、また法律で明文化された「合理的配慮」や「意思決定支援」ができるかどうかで、ＱＯＬが左右されます。

　誤った理解や不適切な支援で、問題行動が発現・激化することなく、「氷山モデル」や「ゲンカミ手法」等で、自分の支援を検証することが大切です。「あおぞら共生会」では「挑戦賞」を設置して、スキル向上を願っています。

　6章では、福祉業界で義務になった「合理的配慮」、「意志決定支援」についても言及しています。

1 「利用者の環境」と「支援者の質」

● 「合理的配慮」「意思決定支援」ができる支援者に託したい

　親亡き後も、障害を持つ人が地域であたりまえに暮らしていくためには、制度やサービス、支援センター等専門家による伴走などのフォーマルな資源とインフォーマルな資源の両方が必要と、前章で事例をもとにお話ししました。

　専門家だけではなく、隣人も含め周りの人たちが、「本人を理解し、どのような配慮をして日常に関わるのか」が大切です。関心や励ましや癒し、安心、エンパワーメント、チャレンジ等、インフォーマルな形のない地域資源が、本人のQOLを左右することも事例からわかります。

　周りの人の支援の質や量次第で、QOLが違ってきます。親はハード面である建物以上に、「合理的配慮」「意思決定支援」ができるソフト面での「人」という支援者に、わが子を託したいと願っています。

　子ども時代は、親との関わり方が重要ですが、成人以降は親より支援者との関わりになります。スムーズにバトンタッチするには、支援者と家族は、情報を共有することが大事です。また、親は元気なうちに積極的に地域に出て、わが子を理解し支援してくれる人をできるだけ多く作っておくことが大切です。

　「かわさきノーマライゼーションプラン」の基本理念にも、『自立とは、一人で生きていけるようになるという意味ではなく、様々な人と

の関わりの中で、主体性を持って生きていけるようにするということであり、自分がしたいこと、できることで、たとえ支援を受けながらでも社会に貢献していくという視点が大切』と書かれています。まさに、「支援あっての自立」です。

また、「地域でふれあい、支え合う」ためには、市民の方々に対しても、人権擁護と共感をいただくことが大事になります。

支援者は、地域とのパイプ役になって、障害の理解と啓発、特に心のバリアフリーに力を注いでいくことが必要です。

● 親亡き後に必要なこと

親亡き後、相談支援（相談支援専門員）や権利擁護センター（成年後見人等）が支援者の中心になり、フォーマルとインフォーマルな資源を集めて、本人の生活圏の「支援地図」を作って、チームで支援していくことが必要と、何度も書きました。

それには、あらゆる障害や困りごとに対応できる相談支援体制の構築、障害に対する理解を深める役割、さらに自立に向けての就労支援の体制作り、そして、看取りまでの生活支援が必要です。

しかし、システムを動かすのは人ですから、親たちが、わが子の「思いを育て、思いに寄り添う」ために「地域で生きる」を実践してきたように、バトンタッチをした支援者たちには、親亡き後もその思いを継続して欲しいと願っています。

そのためには、支援者が、本人の特性に合わせた「合理的配慮」をし、本人の意思を尊重して支援する「意思決定支援」ができることが、重要になります。

● 本人の環境整備をすることで支援者の質を高める

　生活のしづらさとなる「問題行動」と言われるものの原因の多くは、環境から発生し、本人の思いを尊重していないことから起きてくることが多いようです。

　環境を整えるためには、「当事者の置かれている環境を観察し、本人の思い、ニーズに合わせて環境を調節する」→「仮説を持って実践し」→「検証（実証）する」。このくり返しが、本人たちが「地域の中でいきいきと暮らしていける」ためには必要なのだと思います。

　そして、支援者がこのくり返しをしながら支援することは、プロとしてのやりがいが増し、モチベーションを高め、支援の質の確保につながっていくのではないかと思います。

● 「あおぞら共生会」チャレンジ制度

　「あおぞら共生会」では、支援者の支援スキルの向上のために、「挑戦賞；Challenging　award」を創設しています。支援する私たちが、社会の自立を助けるための「支援のあり方」を工夫し、その風土を法人全体に醸成したいと思い、創設しました。

　多くの問題とされる行動に対して、環境整備等の対応策（仮説）を模索し、支援者間で共通認識を持って実践に取り組み、そしてその検証（振り返り）を行っています。そして、それらの実践経過を表彰する制度を作っています。

　「地域に生きる」と「当事者性」を実現するために、利用者、支援者の問題となる行動や関係性等各種の「課題」と思えることに、「なぜ起こるのか」、「課題は何だったのか」、「利用者の困り感・生きづらさは何か」などを、支援者で情報交換して解析しています。

このような試みは、成功、失敗にとらわれず、アプローチの仕方や着眼点が素晴らしければ、表彰の対象としました。

　困り感に気づきトライすることが大事で、エラーしてもいいのです。「トライ＆エラー」のくり返し、そして成功例の積み重ねが、「支援スキルの向上」という財産となり、支援者のやりがいにもなると考えています。

　現在、「挑戦賞」は５つのレベルに分けて、表彰を行っています。

最優秀特別賞：支援スキルのひな型にもなりうる最高のレベル。事例検討として、世間に問うことも可能なもの。

最優秀賞：支援スキルの例として広く取り上げられるレベル。「あおぞら共生会」の支援レベル引き上げに役立つと判定できるもの。

優秀賞：着眼点が非凡で、アプローチの仕方も優秀なところがある。小さいながらも成果があるもの。

奨励賞：着眼点も良く、支援スキルも向上し、成果も見られる。広く一般化できるよう頑張って欲しいもの。

努力賞：成果は出ていないが、着眼点の良さや論理展開での筋が通っている。

　毎年、年度末の全体職員研修の際に、表彰式を行い、各賞の受賞者に発表をしてもらっています。各人が利用者を「知って、理解して、支援する」、その支援スキルの向上を願っています。

2 適切な支援で課題を解決する

● 適切な支援とは「思い」を知ることから

　私たちが支援している利用者は、様々なところで不可思議な行動を
とる場合がありますが、そのような行動にも、本人の思いや理由があ
るのです。

　「困っているのは本人だ」ということを理解できずに、誤った対応
をとり、その不適切な支援が二次障害を引き起こしているのかもしれ
ません。誤まった支援は、まさに「虐待」と言えるでしょう。

　「あおぞら共生会」の利用者の多くが、発達障害の特性を持って
います。特に自閉症スペクトラム（ASD）の特性はわかりづらく、
「ASDの特性に無理解で、しかし熱心」というような、一番困った
支援をされる人が、今でも多くいます。それゆえに、二次障害を起こ
してしまった例を、この40年間数多く見てきました。「特性を知って、
適切な支援を」は不可欠になります。

　右図の「氷山モデル」のように、支援者には、水面下の「なぜ起こ
る？」を考える想像力が要求されます。利用者の行動と心理を探り、
今までの支援法を分析し、かつ、その人の意思を慮りながら、新しい
観点からの支援を試みることが重要です。

　法人全体で、個別課題を共通課題として認識し、取り組みをまとめ
ることは、自分たちの新しい支援スキルの組み上げにつながります。

● 氷山モデル

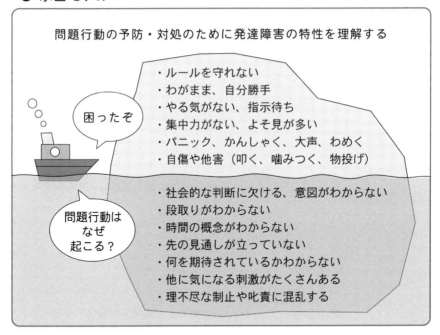

問題行動の予防・対処のために発達障害の特性を理解する

困ったぞ

・ルールを守れない
・わがまま、自分勝手
・やる気がない、指示待ち
・集中力がない、よそ見が多い
・パニック、かんしゃく、大声、わめく
・自傷や他害（叩く、噛みつく、物投げ）

問題行動は
なぜ
起こる？

・社会的な判断に欠ける、意図がわからない
・段取りがわからない
・時間の概念がわからない
・先の見通しが立っていない
・何を期待されているかわからない
・他に気になる刺激がたくさんある
・理不尽な制止や叱責に混乱する

● 問題を共有、早期発見、早期解決

　日中活動の場（あおぞらハウス・ぞうさん・ブルチェロ）、暮らしの場（6 GH）、地域生活の支援拠点（あおぞらの街、相談いっしょ）など、「あおぞら共生会」の各現場では日々利用者のハプニングに対応しています。

　そのハプニングが取り返しのつかないトラブルに陥らないために、「氷山モデル」の水面上にある現象に対して、水面下にある「なぜ起こったのか？」の原因を探ることが課題解決のスタートです。原因を考えるその「気づき」が、大切になります。

　支援者間で課題を共有して、早期に原因に気づき対応を考え解決して、「地域に生きる」ことができなくなるようなトラブルは回避しなくてはなりません。

今までの日本の障害福祉の現状を見ると、多くが問題行動を激化させてしまい、地域で支援できず、入所施設や病院に「隔離」という道をとってきているように思えます。トラブルになりそうな芽は、「早期に発見し早期に解決する」ことが必須なのです。

● 「課題」を共有し「課題解決」に知恵を出し合う

例えば、GHでは、現在26人の利用者が生活していますが、毎朝GH事務所に、泊まりの支援員から「業務日誌」がメールやFAXで送られてきます。「業務日誌」で、26人の日々の生活を把握することができています。

利用者の行動や会話の内容、支援者との関わりなどが、細かく書かれています。また、書いた支援員の文章から支援員の言葉づかいや関わり方、価値観等もわかります。

近隣からの苦情や利用者の相談や希望、困ったことなどが書かれていますので、緊急に解決を要する時は、すぐにサービス責任管理者等がGHに訪問して内容を把握しています。苦情報告書や相談内容等を作成して、「課題」を関係者で共有して、対応策を考えます。

内容によっては、相談支援専門員も入って関係者全員で広くケア会議を行ったり、モニタリングの結果、個別支援計画の見直しを行ったり、対応策を練っています。

GHでは、毎月6GH毎に関わる人全員の支援者会議を行い、各GHの課題は、全GHの責任者等が集まるGH定例会議で毎月検討を行っています。「課題」は常に共有して、解決のために知恵を出し合っています。実践し解決した内容を含め、26人全員の利用者の生活を、毎月情報共有しています。

また、個別課題も一般化する事で、法人全体の共通課題になることが多く、さらに「地域課題」となり、地域の環境整備にも役立っています。このような会議での、問題解決までの行程のいくつかは、挑戦賞の対象にもなっています。

● ２つの実践例

　地域生活を送っているＧＨは、日々ハプニングが絶えません。例えば、マンションのオートロックの鍵の紛失（開け方の指導も）や、公共交通機関を使うようになった場合の通勤の道順（横断歩道の渡り方の指導等）や、たばこやお酒等嗜好品の許容範囲、生活習慣病の発現の早期発見と生活面での治療や予防、金銭や物品の盗難等々、暮らしの場ですから、問題（課題）は日々起きてきます。もちろん、日中活動の場でも、通勤途中でも起きています。

　問題行動は、叱責するのではなく、本人も納得した解決のために、「氷山モデル」での検討が必要になってきています。

● 事例１　Ｇさん：利用者同士の課題

　ＧＨで生活しているＧさん（女性、ＡＳＤ、障害支援区分５）の問題行動は、「人の行動をコントロールし、相手がそのようにしないとパニックになる」ということでした。

　最初は、Ｈさん（男性、ＡＳＤ、障害支援区分６）に「Ｈちゃんお風呂！」と連呼し、Ｈさんがお風呂に入るまで付きまとって強要していました。何度も大声で指示されるＨさんは、戸惑い逃げ惑ったり固まったりパニックを起こしたりします。

一方、思い通りにならないＧさんは、自分の頭をかきむしりながら混乱してしまいます。

　解決方法として、Ｇさんを叱るのではなく、本人がわかるように「具体的」に「肯定的」に簡単な図や写真で、ＨさんとＧさんのスケジュールにお風呂の順番を決めて、時間の時計の位置を明記しました。

　当時は、２人ともまだ時間の概念がわかりませんでしたが、お風呂の時間を明示し、指さすだけで、納得しました。また、「Ｈちゃん、お風呂！」の連呼と強要はなくなりました。Ｇさんは、Ｈさんがいつお風呂に入るか不安で、見通しが欲しかっただけだったのです。

　ただこの方法は、支援員がやりやすくするためとも思われます。「本人がお風呂に入りたい時に入る」（選択権は当事者）が理想ですが、共同生活では順番を守るしかありません。むしろ、見通しが欲しいのですから、スケジュールや順番を本人がわかるようにすることが必要です。

● 離すことで解決……

　ところが３年後、ＧさんのＧＨが新しいマンションに引っ越し、新たに同居人になったＩさん（男性、軽度知的障害、障害支援区分３）に関心を持ち始め、「Ｉさん、洗濯！」を連呼し始めました。

　Ｉさんは、社会性もコミュニケーション力もあり、非常勤ですが一般就労しています。ＧＨの生活は、その日の仕事や体調等もありますから、自分の好きな時間に食事もお風呂も洗濯も自由にしたいと思っている人なのです。

　Ｉさんの部屋のドアの前で、「Ｉさん、洗濯！」を連呼するＧさんに、思いやりのあるＩさんは、「わかった、洗濯する」と最初は応じてい

ましたが、毎日強要されるのはうんざりしたのか、ある日押し返して、Ｇさんが転倒してしまいました。

　Ｉさんに聞くと、「我慢の限界、ホームを出る」と言います。許容の範囲を超えたようで「うるさい」と、ＩさんはＧさんに手が出るようになってしまいそうです。

　誰でも、自分の行動（スケジュール）は自分で決めたいです。人に管理や強要されるのは嫌ですから、対応策を考えるしかありません。支援員には、「支援であり、管理ではない」と、「あおぞら共生会」では教育研修で言っていますが、利用者同士では通用しません。

　結果は、Ｉさんは、同マンションの他の部屋（理事長所有）で、支援員が届けた食事をし、お風呂も洗濯もその部屋でして、Ｇさんが自分の部屋で寝た後（22時頃）に帰宅することを選びました。

　解決方法として、「Ｇさんと会わない、顔を見せない」ことにしたのですが、「避ける」のが正しいかどうかはわかりません。ＡＳＤのＨさんの場合と違って、Ｉさんは決まったスケジュールは嫌なのですから、さしあたりこの方法をとっています。

● 試行錯誤しながら

　Ｇさんの理解力とＩさんの許容力、そして支援者の関係調整力のバランスが大切なのですが、今の状況では共同生活は難しく……しかし、「避ける」のが良い方法かどうか……まだ、「課題」は残ります。

　今、Ｉさんは自立も考えています。また、Ｇさんには時間の長さがわかる時計を用意して、時間の概念を学んでもらおうと思っています。

　息子の徹之には、時間の概念は小学校時代から教えました。最初は、カップラーメンの３分間を砂時計で学びました。

時間も、目で見えれば理解できます。徹之は時計が大好きで、時間通りに規則正しい生活を送っています。

ＡＳＤの人は、カレンダーやスケジュールがあって、自分のやるべき行動に見通しが立つと安定もしますが、同時に共に住む人のスケジュールも知っていたいと思うようです（徹之はいつも母親の私のスケジュールもカレンダーで確認しています）。

ヘルパーさんとの食事作りも、前日ヘルパーさんの帰宅時に必ず「○○さん、明日のメニューは○○です」と、ヘルパーさんの名前と夕食の内容の確認をしています。「見通し」を持つことは、精神的安定につながっています。

問題解決は試行錯誤、日々実践しながら、振り返り、確認をして、また、根拠（エビデンス）を持って次へ進んでいく姿勢が大切だと思います。

● 事例２　Ｊさん：個人の問題と地域住民との問題

ＧＨで生活のＪさん（男性、知的障害〈ＡＳＤもあり〉、障害支援区分４）の氷山モデルでの水面上の問題は、水分の取りすぎ、トイレが頻繁、他人の食事を食べる、タバコのポイ捨て、ＧＨの自室での喫煙、お金を盗る、上着など物品をお金に換える、パジャマや下着姿で外出する、挨拶をしない等、数々ありました。

マンションの子どものいる家庭からのクレーム、また、隣の部屋の方からは、ベランダから流れるタバコの煙とタバコのポイ捨てのクレームがありました。また、たばこの火の不始末による火事の危険性が、マンションの理事会で問題になりました。

タバコについて、禁煙の張り紙やタバコの害、吸っていい場所の明示など、視覚的構造化を本人に理解してもらえる方法で工夫しました。

　氷山モデルだけではなく、「ゲンカミ方法」で、現在（ゲン）だけではなく、過去（カ）に何があったか、未来（ミ）をどうしたいか、話し合いました。Ｊさんは、高校卒業後に自動車の運転免許を持つくらいの知的理解はあります。

　Ｊさんは、東北出身。地元での就職難のため、仕事を求めて川崎の叔父さんを頼って上京してきました。叔父さんの支援が本人に合ってなく（DVもあり）、ひきこもり状態になり、叔父さんから独立するためにＧＨに入居しました。ＧＨでは、困った行動をくり返しました。

　ただ、長期の休みに故郷に帰るといきいきしていて、Ｊさんの水面下には、「故郷に帰りたい」があることがわかりました。

　ＧＨを追い出されたくて、困った行動をしているのかもしれないと考えました。川崎では、友達もなく、高校まで育った故郷のほうが本人の住みたい場と考えました。「あおぞら共生会」で本人を交えて検討し、故郷に帰るために動き出したら、Ｊさんは途端に穏やかになりました。

　東北の母のもとに帰るのは無理とわかり、現地の支援センターに連絡を取り、相談支援専門員が２度ほど現地に行き、ＧＨ探し等、現地の支援センターと連携して、Ｊさんの東北での新しい暮らしの場を見つけました。今は、故郷に戻り幸せに暮らしています。

　本人が表出する言葉や行動だけではなく、裏の心を探ることが大事だと気づかされました。「住みたいところで、住みたい人と、必要な支援を受けて」を実践した事例です。

3 「合理的配慮」とは

● 「合理的配慮」の正しい理解と支援

合理的配慮とは、「障害者が日常生活や社会生活において受ける制限をもたらす原因となる社会的な障壁を取り除くため、（略）個別の状況において講じられるべき措置」を言うようです。

一般的には、例えば、乗り物に乗車する時の職員の手助けや、筆談・読み上げ等の障害特性に応じた、コミュニケーション手段での対応、段差解消のための渡し板の提供などが考えられます。

その意思は、言語（手話も含む）やその他の意思疎通の手段で伝えます。しかし、「知的障害等により、本人が自ら意思を表明することが困難な場合には、その家族が本人を補佐して意思の表明をする場合も含む」とされています。

表明されづらい本人の思いを表明するためには、家族や支援者が本人を深く理解すること、また、特性を理解することが不可欠です。

本人たちが、「自分らしく生きる」には、自分が何をしたいか（自己決定）を表明し、理解され、それをさせてもらって、はじめて自分らしくいきいきと生活することができるのです。

また、障害者差別解消法では、「障害特性への合理的配慮がないのは差別」とされています。

支援者は、「合理的配慮」について正しい知識と支援のスキルを身につけることが、不可欠になります。

●合理的配慮

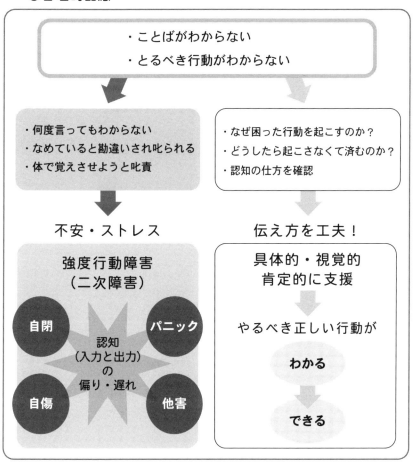

● 私の徹之との付き合い方は、「合理的配慮」

「合理的配慮」という言葉を知らなかった 40 年以上前から、そのような支援をしていたと今言われている、徹之の子育ての例をお話しします。その例を聞くと、「合理的配慮」は難しくないとわかります。本人がわかる方法を探ればいいのです。

徹之が障害と診断された当初、「言葉さえ話せたら、普通児になれる」と、言葉の特訓をしました。徹之は、「言葉がわからないからとるべき行動がわからなくて、勝手な行動をとるのだろう」と、考えたのです。そして、「言葉を理解し話せるようにしなくては」と、親の私たちは考えたのです。

　しかし言葉の特訓は、前頁の図のように、パニックや他害や自傷行動を起こし、特訓すればするほど、問題行動がエスカレートしました。

　私が特訓を諦め、主人が「おまえは徹之になめられているから、俺がする」と、主人が訓練を始めました。

　主人の威圧感で、訓練中はパニックは力で押さえつけられたのでしょう、パニックは起こしませんでしたが、訓練が終わった途端にストレスが他害や自傷などにエスカレートしました（今ではこの言葉の訓練は児童虐待かもしれないですね）。徹之の抵抗にあって、このやり方は間違っていると気がつきました。

　「4才〜5才までには話せるようにしたい」と考えていたのですが、徹之と弟を育てていて、同じ情報を渡していても、二人の脳の中での入力の仕方が違うことに気がつきました。

　それで、徹之のパニックやわけのわからない行動がどんな情報提供の時に起こるのか、なぜ起こすのか、何に困って混乱しているのか……等を観察しました。兄弟二人の脳での処理（入力と出力）は違うことがわかりました。

　言葉で理解する弟と違って、徹之がわかるようにするには、言葉以外の入力の仕方が必要と考え、情報の伝え方を工夫したのです。

　彼は、言葉ではわかりませんが、視覚的手掛かりがあれば状況を理解することができます。抽象的な言葉はわかりませんが、具体的なプ

神輿を担ぐ利用者たち、地域には支援者がいっぱい　　「この子らを世の光に」第19回糸賀一雄記念賞を母子で受賞

ログラムを作って見せるとわかります。また、否定的な言葉にはこだわって、固まったりパニックを起こしたりします。

　エピソードを1つ。「高校に行きたい」と徹之は言い、15才で定時制高校に入りました。入学して1カ月もしない時、先生から、「明石徹之さんは肯定的な生き方をしていますね。感動します」と言われました。

　私は、「肯定的な生き方」という言葉をはじめて聞いたので、びっくりしました。先生に問い返しましたら、「否定的な生き方の生徒が多い」と言われました。それで私は、「否定的な指示には混乱するので、肯定的な言葉に言い直しています」と答えました。

　ゆえに、徹之との付き合い方（合理的配慮）は、「具体的・視覚的・肯定的」というわけです。

　地域の人にも、徹之との関わり方を説明する時のキーワードに使っています。彼のいわゆる「取扱説明書」ですね。これが、徹之の合理的配慮になります。徹之に関わってくださる周りの皆様に、わかりやすく伝えています。

● ＡＳＤの特性を持つ人への「合理的配慮」を考える

● 話し言葉での理解が苦手：その代わり、「視覚的」な指示は理解しやすいです。言葉で説明するよりも「視覚的」に、実際にやって見せる、実物、写真、図表、絵を見せる、また、ジェスチャーや指さしなどを加えます。

● 抽象的な表現を避け具体的に伝える：抽象的な表現は苦手です。「ちょっと」待ってとか、「きれいに」掃除してとか、「急いで」、「この前」などと言われても、理解することが非常に難しいです。抽象的な言葉ではなく、「具体的」に伝えます。

例えば、「ちょっと待ってね」は「○○時まで待ってね」とか、「きれいに」は掃除の手順書を作る等、結果、きれいになればいいのです。

● 複数の情報を処理するのが苦手：１つのセンテンスの中にいくつもの情報が入ってしまうことが苦手です。１つのセンテンスには、１つの情報だけを入れて伝えるようにします。いくつもの情報は、順番に１つずつ伝えます。

私たちは、少ない情報からでもその周辺を想像したり、持っている知識を応用したりして、不足分を補って理解していくことができますが、ＡＳＤの人は、臨機応変に対応することは苦手なのです。

● 言葉通りの理解をする：言葉通りの理解をするため、手伝って欲しいと思って「手を貸して」と言っても、単に手をさし出す行動をとってしまいます。そのため、人から誤解を受けてしまうことがあります。

伝える時、否定的な言葉を避け、肯定的な伝え方をする。「ダメ」や「いけない」の表現では、どうしたら良いかわかりません。具体的に、「こうしてください」と適切なやり方を教えることが大切です。

● 刺激の多い場所が苦手：いろいろな物が見えたり、いろいろな話し声や音が聞こえたりする場所では、気が散ってしまいます。余分なものが見えない、静かで、刺激の少ない場所だと集中できます。

● 見通しが立たないと不安：いつ終わるのか、この後どうするのかなど、先の見通しが立たないと心配になります。はじめての所やはじめての人も苦手です。カレンダーやスケジュール、ワークシステム（手順書等）を明示します。

● 常識が通じないことがある：誰でも知っている常識（暗黙知）と思っていたら、通じないことがあります。相手の気持ちも推測することが苦手です。必要なことはできるだけ省略せずに、説明する。

特性を見てわかるように、ＡＳＤ（自閉症スペクトラム）の人は、周りの人からその特性を理解されず、何でこんな簡単なことができないのかなど、誤解されることが多いです。

ASDの人たちは、頑張って理解しようとしているのに理解の仕方が違うので、結果として「できない」という評価を受けてしまい、自己否定的な経験ばかりを積んでしまいます。

「できない」ことの多くは、「わかっていないからかもしれない」と考え、本人が「わかる」やり方を工夫して教えれば、「できる」ことがたくさんあるようです。

徹之の場合も、本人の知能テストで見える能力を考えると「到底無理」と言われた、高校入試にも公務員試験にも合格できたのは、周りが「合理的配慮」をして学習したからにほかなりません。

● 環境を整える

　発達障害の人が、自己否定的な経験ばかりを積んでしまうのは、本人の問題ではなく、周りの環境の問題です。支援者は、当事者が理解しやすいように構造化をして、環境を整え、わかりやすい生活空間を作っていくことが必要です。

　構造化と言うと「彼らが問題を起こさないように、管理しやすい枠組みの中に閉じ込める」というようなことをイメージしやすいのかもしれませんが、それは大きな間違いです。彼らが理解しやすい環境作りこそが、構造化です。物理的構造化することで、環境や場面で、何が求められているかがわかります。

　個別の「スケジュールを明示」することで、「終わり」と「次」の見通しがわかり安心感につながります。

　個別の「ワークシステム」という、具体的なやり方を明示すると、やるべき作業がわかり、主体的、自主的に作業することができ、取り組む意欲につながります。

　「視覚的な手掛かり」を示すことで、言葉にたよらずに、視覚的優位な強みを生かし、内容を理解することができます。わかるとできるのです。また、視覚的なツールを使って本人が意思表示できるような工夫も必要です。

　発達障害、特に ASD の人が安定した生活をしていくことができるように、以上の合理的配慮は不可欠なのです。特性を理解しない限り、適切な支援はありえません。

楽しそうに池の清掃の仕事をしています（長寿荘）　夢見ヶ崎動物公園の落ち葉は掃いても掃いてもきりがない

● 徹之の子育てで学んだことをつなぐ

　徹之の子育てを始めた40年以上前には、ＡＳＤはまだよくわかっておらず、また「自閉症は親の子育ての悪さが原因」という誤解だらけだった時代でした。私は、親としてわが子との関わりの中で、自閉症は誤解だらけであること等、本人から多くのことを学びました。

　自閉症の問題行動と言われた、パニックやこだわり、超多動も、「言葉でわからないなら、体で覚えさせよう」と言われた訓練の時代です。徹之は、訓練（叱責）で改善することができずにいましたので、私がマイナス思考に陥れば、子を殺しかねませんでした。そこで私は、プラス思考で育てました。

　「パニック」は、強い意思がある証拠、思いを育てるチャンス。「こだわり」は、知恵がフル回転、利用しない手はない。「超多動」は、好奇心旺盛。「イタズラ」も、隣人との関係作りなど、逆転の発想です。

　「パニック」から、なぜ起こしているのか、その思いや背景を探り、今言われる「意思決定支援」につなげたように思います。

　親が学んだわが子との関わりは、好みや強みと一緒に、親が元気な間に支援者につなげておくことが大切です。

● 徹之の「問題行動」を強みに変えて

　親として、わが子の問題行動をストレングス[4]（強み）に変えるには、具体的にどう支援（アプローチ）していくか、どのような合理的配慮が必要か、想像力を働かせて彼の特性を知り、当時情報のない中で試行錯誤しながら支援方法を工夫し、支援者や隣人に伝えていきました。

　問題行動となる水へのこだわりを、風呂掃除やトイレ掃除など、自立や就労につなげたり、お店で物をとることも「買い物の学習」と、プラス思考にして関わりました。「できたね」「えらいね」「ありがとう」と褒めて、徹之はエンパワメント[5]していきましたので、次々と自立のスキルを獲得してきました。

　また、徹之は道の真ん中でも電車の中でも地下街の広場でも、パフォーマンスをしては、通行人から「あいつバカか？」と後ろ指を指されていました。私はこれを、小学校普通学級時代のクラスメイトが言っていた「面白いじゃん！」に変わらないだろうかといつも考えていました。

　ある日、「出でよ！大道芸人」の新聞記事を発見、「これだ！」と思い、多摩市民館で開催された「パントマイム教室」に徹之と一緒に通ったのです。パントマイムやバルーン（風船で動物などを作る）のスキルを持った、徹之の「ピエロテッシー」が誕生しました。

　さらに徹之は、「手話」も習いました。家では自由な「独り言」も、職場では禁止と言われました。その代わりとなった宙文字（空に文字

4　ストレングス：その人に備わっている特性、技能、才能、能力、環境、願望、希望。個人、グループ、地域社会の潜在的な力。

5　エンパワメント：利用者が主体者として自己決定能力を高め、自己を主張し、生きていく力を発揮する。援助者にとっては、利用者の潜在的能力を肯定的に評価し、力の発揮を促進するあらゆる支援が含まれる。

多摩市民館パントマイム教室の受講最終日は発表会　　　　　ピエロテッシーとして山梨県竹舞台でデビュー

を書く）も職場ではまた禁止されてしまいました。

　たぶん、否定的な言葉で注意されたようで、「宙文字書きません。宙文字書きません」とのこだわりが出たので、堂々と描ける（コミュニケーションとして使える）「手話」に代えようと考えました。

　特に、「おはようございます」「ありがとうございます」「はじめまして」「わかりません、もう一度よろしくお願いします」などの挨拶や「2,557,458（円）」など、大好きな数字を指で表すのに、すっかりはまりました。

　手話は、「目に見える言葉」です。聞き言葉が苦手なASDの人には、合うコミュニケーションかもしれません。

　これらの問題行動やこだわりも、やめさせようと叱責するのではなく、見方を変えると（リフレーミング[6]）「才能を奥に秘めている」「可能性は無限にある」になるのですね。肯定的な支援をすると、楽しいですよ。

6　フレームを変えるといった視点から、見方を変えていく。頑固な人→本気な人、有言実行。おしゃべり→明るい性格、誰とでも仲良くできる、情報通であるなど。

4 「意思決定支援」とは

● 本人の意思を尊重する「意思決定支援」

「合理的配慮」と同じように、今や福祉のキーワードになっているのが、「意志決定支援」です。

「意思決定支援」とは、厚労省のガイドライン（平成29年3月制定）によると、「自らの意思を決定することに困難を抱える障害者が、日常生活や社会生活に関して自らの意思が反映された生活を送ることができるように、可能な限り本人が自ら意思決定できるよう支援し、本人の意思の確認や意思及び選好を推定し、支援を尽くしても本人の意思及び選好の推定が困難な場合には、最後の手段として、本人の最善の利益を検討するために事業者の職員が行う支援の行為及び仕組み」ということのようです。

「意思決定支援責任者配置」や「意思決定支援会議の開催」が言われています。

しかし、日常生活においての「意思決定支援」とは、「人権擁護の視点を持って、社会的障壁を取り除き、合理的配慮を実践して、本人の意思を固めてもらい、行動してもらう、そのために行う支援」だと思います。本人の意思を尊重する「意思決定支援」が周りの方々にできたら、生きづらさも軽減し、本人は問題行動を起こさないかもしれません。

「障害者権利条約」を推進して、国内法には、「意思決定支援」が明文化されました。

そこで、「障害者権利条約」の 12 条と 19 条に沿った支援ができているかどうかを、考えてみたいと思います。

　12 条は、「法の前に等しく認められる権利」です。①「人として認められる」、②「他の者と平等に『法的能力』を有する」、③「法的能力の行使にあたっては必要とする支援を利用することができる」などが書かれています。

　自己決定権（自分のことは自分で決める権利）は、誰にとってもあたりまえに保障される権利だということの再確認と言えます。

　19 条では、「他の者と平等に、居住地を選択し、どこで誰と生活するかを選択する機会を有すること、並びに特定の居住施設で生活する義務を負わない」とあります。すなわち、「住みたいところで、住みたい人と、必要とする支援を受けて生活する」が、可能なのです。

　そして、条約の言う、「本人の望む暮らしぶり」を把握するためにもまた、「意思決定支援」の視点が不可欠となります。

　「意思決定支援に配慮すること」を、平成 23 年 7 月の改正障害者基本法（23 条）は、国や地方公共団体に求め、平成 24 年 6 月に成立した障害者総合支援法（42 条）では、事業者にも義務づけました。今までの「保護・指導・訓練」から「自己決定の尊重」となり、本人主体、すなわち「施策の客体から権利の主体」と転換したのです。

　支援者は、労務上「意思決定支援」をすることが必要（義務）となったのです。

● 「自己決定の尊重」

　「本人が望む暮らしぶり」をするには、「自分で決める」すなわち「セルフマネージメント」が一番です。

しかし、身体障害者と違って、徹之をはじめ、知的障害、発達障害の人は、「セルフマネージメント」が苦手です。十分な情報提供を含め意思決定支援等、必要な支援を成長の過程でしなくてはなりません。

親や支援者が、幼児期から「選ぶ」ことの経験を積み重ね、自己決定できるように教えていき、意思の形成から働きかける必要があると思います。

1、意思の形成（周りの人の情報提供が大事）

2、意思の表出（言葉だけではなく表情などのサインからも探る）

3、意思の実現（周りの人の支援で可能になる）

この３つを支援することで、法律で言うところの「意思決定支援」が可能になるのだと思います。

● 徹之の意思はどこにあるのか

幼児期、言葉のない、こだわりを禁止するとパニックを起こす、そんな徹之が、自己決定できるようになったのは、彼の意志を知りたいと願い、幼い時から「選ぶ」ことをさせた結果だと思います。

前述のように、はじめは「言葉さえ出たら」と、言葉の特訓をし、私は徹之のパニックや他害、自傷と、「問題行動」を激化させてしまいました。彼の抵抗にあい、言葉では意味がわからないなら、「本人がわかる方法を工夫すればいいのだ」と考え直しました。

そこで、食べるもの、着るもの、遊びに行く先など、全てを本人に選ばせ、彼が選んだものは必ず実行しました。そして、経験してはじめて本人の中に「概念形成」ができますので、楽しい経験を積み重ねてきました。

親として大事だと思ったことは、「豊富な選択肢」の提示と「失敗

カラフルなパステル画や貼り絵を展覧会に出品　　　　無機質な交通標識ばかり書いていた小学校時代

しても支えてもらえる」という「信頼感を持ってもらうこと」です。

　そして、ほめて育てた徹之は自己肯定感が育ち、チャレンジ精神を発揮するようになりました。

　障害児と宣告された 44 年前は、わが子が働くことなどありえない、働かせるなんてかわいそう、どこかでのんびりと暮らせる場を作ってあげよう、と思っていました。

　ただ、逃げ足は早いのに、かけっこはビリの徹之を見て、「意思が働いている行動の時のみ、素晴らしい力を発揮することができる」と気がつき、彼の意思がどこにあるかを探りました。

　追いつけないほど全力で疾走していた幼児期と同様に、今も自分の意思が働く時は、持っている能力を最大限使って、一生懸命努力をしている彼がいます。

● 徹之の「自己決定」

　「医療モデル」での障害の概念では全く不可能な、高校や公務員への挑戦も、信じられないほどの潜在能力を開花させて、一生懸命努力をしました。この進路を私が希望すれば、「親のエゴ、高望み、無理強いして」と非難されることでしょう。

親も主治医も無理だと思えたこの進路を決めたのは、本人です。高校チャレンジにしても、失敗する度に徹之は、「高校に行くんです。勉強頑張ります」と健気に一生懸命頑張りました。

　その姿に、周りの方々が共感してくださり、支援者の学校の先生方も、「障害が不幸に思えるのは選択肢が狭まれているからだ、高校という選択肢を広げよう」と、力を貸してくれました。公務員チャレンジも同様、多くの支援者のおかげで、徹之は前例のない「高校生」にも「公務員」にもなれました。

　このように彼が、「○○したい」と自分の人生を自分で決めたから、支援者が集まったのだと思います。鍵は、まさに「自己決定」です。

　今も、「自己決定」した進路（職場）ですから、自己責任も感じているのか、酷暑の炎天下の夏の日も、極寒の雪やみぞれの冬の日も、夢見ヶ崎動物公園のある加瀬山の隅々までを一日もさぼることなく、働いています。

　27年間公務員として働くことに、プライドを持っています。「有給休暇が余っているからお休みしたら？」の問いかけにも、「お仕事がんばります！」と、仕事大好き人間の答えが返ってきます。

　毎朝元気に「行ってきま～す」とマンション中に聞こえるような大きな声で、仕事着とお弁当の入ったバックを肩にかけて、首をふりふり、元気に通勤しています。スケジュールと手順書を味方に手を抜くことなく働き、ヘルパーの支援を受けながら夕食作りなどをして、人生を主体的に自分らしく生きていっています。

　私の子育てのモットーは、「思いを育て、思いに寄り添う」ですが、今の言葉に直すと、思いを育ては、「意思形成支援」、思いに寄り添う

ＮＨＫ生放送に50分出演。スピーチも完璧　　　　　親子で一緒に全都道府県で講演

は、「意思実現支援」でしょうか。「自己決定」は、「意思表出」なの
でしょうね。

　意思決定は、その時々の環境や人間関係との相互作用によって決
まってくるものです。例えば、徹之も合理的配慮ができ、意思決定支
援ができる人との信頼関係のもとでは、公務員試験合格というまでの
「高い能力を発揮」できますが、合理的配慮が全くない環境では「何
もできない人」と受け取られてしまいます。

　関わる人との相互作用は、無視できません。意思決定ができる支援
者を育てることが大切です。

● 誇りを持って生きる

　今、特別支援教育では、「チャレンジする心を育てるキャリア教育」
が叫ばれています。

　「親が自分自身としっかり向き合い、生きがいややりがいを感じな
がら、自分の役割りに誇りを持って生きていくことが、子どもたちの
キャリア発達を支えていく一番の力になる」と言われています。

　私は、現在の自分を振り返って、「育てることを通して自らが育つ」
ということを強く実感しています。

当時は、「キャリア教育」という言葉など全くありませんでした。まさに、幼児期から彼の意思決定支援を行った結果、チャレンジする心を育てる「キャリア教育」になったのでしょう。

　そして今、福祉のプロである支援者が、「意思決定支援」を実践して、生きがいややりがいを感じながら、自分の仕事に誇りを持って生きていって欲しいのです。

　自己肯定感とチャレンジ精神があふれた徹之のこの笑顔が、親亡き後もずっと続くことを願っています。

　徹之のためにも、一生涯、看取りまで、地域の中で暮らしていけるよう、支援システムを構築したいと思っています。

コラム　人権を尊重する（当事者性）

　平成元年「あおぞらハウス」を設立して、会報「あおぞら」の創刊号を平成3年2月に発行しました。創刊号の特集として「かわいそうという見方について」をテーマにしました。

　私は、「同情より理解の関係作りを」と書きました。「かわいそう」と思うこと、「同情や憐み」は人権侵害であるということを、言葉がなく意思が全くわからなかった徹之の幼児期に、身体障害のある当事者から学びました。同情を乞う行動をする親が、第一の人権侵害者だと言われました。

　事実、障害者をかわいそうな存在にしているのは、実は周りの人たちだと気づきました。「かわいそうと言われたくない、正しく理解して適切な支援を願っている」という当事者の思いを、親や職員、ボランティアさんに伝えたいと思いました。

　30年経った今も、入職したばかりの職員の支援を見ていると、「かわいそう」と思って接していることが垣間見れます。職員の人権研修の大切さを痛感します。「あおぞら」の創刊号を読んで欲しいです。

　「かわいそう」と思ってしまうことは、単に障害者の思いを「知らない」だけ。啓発（伝える）していくことしかありません。

　本人を知ってもらって、同情、憐れみ、差別や偏見から「理解と支援」に変わるよう、「人権擁護」を地域に発信する必要があるのです。成長過程で「合理的配慮」と「意思決定支援」がなされれば、不可能と思えることも可能になることが多々あります。「合理的配慮」も「意思決定支援」もしなければ、「障害ゆえに何もできない人」となるようです。

終　章
～あとがきに代えて～

「あおぞら共生会」理事長・明石 邦彦

　「あおぞら共生会」の30周年記念事業の一環として、本を発刊することになりました。編集に際しましては、ぶどう社の編集者市毛さやかさんに大変お世話になりました。

　本来、10年長期計画などはなかなか立案を考えることはありませんし、よしんば、作成されたとしても組織の内部に記録・保管すべきことかもしれません。さりとて、社会福祉法人であっても企業と同じ組織体ですので、事業の10年計画を立案することこそ、職員・利用者を一枚岩にすべきものでしょうから、あえて公表し、実現を目指すことにいたしました。

　このような方針を組み立てることによって、組織が成長していく姿を実感できるのではないかと考えています。そして、次代を担う職員と利用者並びにその家族が個々の思いを実現できるように邁進していただければ幸いです。

　また、本誌を公表することによって、いろいろな人たちに「あおぞら共生会」の活動を知ってもらい、そして、自分の法人で長期計画を立て、支援に携わる人たちが元気になるという波及効果があればと思

いました。いわゆる一種の社会貢献だと考えます。

　さて、私は平成11年頃から30年ほど勤めていた「株式会社味の素」を去る計画を立てました。妻（明石洋子）の活動があまりにも大きくなりすぎて、過労で健康を害されると大変だと思い始めたからです。

　社規では兼業を禁止されていましたし、私が経営企画や研究企画に長年携わっていた関係上、経営会議での承認を得る必要がありました。

　平成13年12月に（社福）「あおぞら共生会」が設立され、理事長に推挙されたからです。

　もともと私は企業戦士でしたから、福祉の世界には関心が薄かったのですが、徹之という障害を持つ子どもがいる限り、どこかの時点で企業とは違う時間を過ごさなければならないと考えていました。

　法人の理事長を務めてから、各地で講演する機会が増えました。そして、質問をよく受けるのは「父親が手伝ってくれない」、「無関心だ」など、母親たちの怨嗟の声です。

　その時には、「家族・子どもにとって、今はダメな父親でも、いつかは役に立つものだから父親を責めないで欲しい。生活を支えているのは父親ですから大事にして欲しい」と伝えてきました。

　講演要旨として以下のようなレジュメを書いていますので、私が思っている生の声をお伝えし、結びにいたしたく思います。このまとめが、母親ならびに関係者さんからいつも責められているお父さんたちの力になれば幸いです。

レジュメ内容：障害児を持つ家族に贈る言葉

・父親としての理解

　息子の徹之が3才になる前に、専門家からAtypical Child（不定型の子）という告知がなされました。母親の子育てのまずさが原因と言われた約40年前では、自閉症という言葉を使うには刺激が強すぎることと、徹之に関する情報（知見）がまだまだ不足し、判定できなかったのかもしれません。

　告知された時、私は障害児を持ったという感覚はありませんでした。障害児を持った現実から逃避するために仕事に没頭していた、という気持ちでもありませんでした。徹之は、ただ単に言葉の遅れがあるだけだと思っていました。この時には、後に博士号を取る研究が始まると共に、何人かの部下を持つ責任を背負って多忙な時期であったからです。

　ただ、仕事と徹之とをバランス良く仕分けする柔軟さがありませんでしたので、妻とはギクシャクしていたと思います。

　しかしながら、徹之と長く接し、普通児とは明らかに違いがあると認めざるを得ない事柄を多数経験していくと、少しずつ現実を受容しなければなりませんでした。企業戦士としての道を歩きながらも、何かしら思い悩むことがあったのです。この先どうなるのかという一抹の不安が常に胸に引っかかっていたのです。

　私の研究は、微生物を使った工業化研究です。今で言う微生物の遺伝子を操作し、生産性の高い微生物に改変し、そして工場で生産するという仕事でした。遺伝情報とその転写のことは、良く理解できます。

　自閉症が、脳の微細な部分の損傷によることがわかり始めると、何

らかの原因でノーマルな遺伝情報がうまく転写できず、自閉という性質が発現してきたのであろうという予測が立ちました。

　結論として、「自閉症を治して、普通児にするのには無理がある」と考えるようになりました。「所詮は、自分の持つＤＮＡの範疇で起きたことである」と理解するには少し時間がかかりましたが、科学者としての私には納得のいくものでした。

　私の拙い親子の歴史と企業で学んだことは、福祉の世界でも役に立つのだということが、皆様のこれからの組織活動にお役立ていただければ幸いです。子育てに関心が薄そうな父親でも、こうしていつか役に立てるものなのです。

・私の会社での歴史

　私は九州大学を卒業して、味の素の中央研究所に入社いたしました。若い時は研究所で働き、その後は海外工場の要員として配属するために採用されたようです。しかしながら、育成にあたった上司は私を海外要員候補よりは研究員として評価してくれたようです。

　私は、自分が担当する研究分野で仕事をしている時も、突然その部署から引き離されて、プロジェクトのトラブルシューティング役として参加させられました。大きなトラブルが起きた時には、「君はこの日のために生かしておいた」などと言われ、問題点の摘出と解決策を立案させられたものです。

　このような研究生活を送っていた時に、研究所のテーマを選ぶのはどうしているのだろうと興味を抱きました。「研究企画とはなんじゃいな？どんな仕事をしているのだろう」と思い、研究企画部門に顔を出したことがありました。

若いのに珍しい奴だと思われたのでしょう。その後、戦略や戦術を考える機会が増えました。そして、全社の長期計画を作る経営企画部に全技術屋の代表として送り込まれ、本社経験を重ねました。

　この部門に異動した時に、味の素（グルタミンソーダ）製造・販売の10年計画やバイオテクノロジー（ＢＴ）の戦略設定を行いました。

　平成9年7月の人事異動で川崎工場の製造部門の長に内定していました。私は、会社生活の終わりの目処がついたと思っていましたから、既定の人事異動が突然ひっくり返り、本社に呼び戻されたのには驚きました。

　そして、当時の江頭社長から「ウシオ電機の牛尾社長と話し合い、味の素が日本のＢＴ戦略を作ることにした。君が担当するように」という話になりました。

　そして、社内で検討チームを作り、小泉内閣にＢＴ戦略会議を設定するためのプラン作りに邁進したのです。出来上がったＢＴ戦略のもとで各省庁や経団連、ＢＴ産業人会議で活動したのが、味の素社における最後の仕事になりました。

　なお、ＢＴ戦略を作る話をいただいた時、ＮＨＫで徹之のドキュメント番組をＴＶ放映（平成11年）する話が舞い込みました。そのため、会社に徹之のことをカミングアウトして、2～3年後には会社を引退する青写真を作っていました。

　直属の上司には、「この仕事で引退します」と伝えて、ＢＴ戦略本部の設置までを区切りとしました。関係省庁、関係団体の間を飛び回り、ようやく小泉内閣で日の目を見ることになりましたので、即引退といたしました。

　江頭社長に「辞めさせてください」と伝えた時は、ものすごく怒っ

父親参観日・徹之とうまく遊べない父親時代　　　　　　　やっとお互いに笑顔で遊べるようになりました

ていらっしゃいました。私は、「決めたことですから」と伝えました
が、辞令交付の時にもぶつぶつと言われました。

　社長と総合科学技術会議などでご一緒する時には、車の中で政界や
産業界の話題や人物評を戦わせたものです。私は決してYESマンで
はないので、率直に意見を言わせていただきました。社長にとっては、
苦々しく思われる時もあったかもしれませんが、それなりの信頼はい
ただいたと思っています。その後、発酵技術研究所の顧問となり、平
成21年に退職となりました。

・私の子育ての歴史

　昭和49年11月、「Atypical Child」と告知を受けた私は、仕事の
忙しさにかまけて徹之の療育は妻任せでした。時々妻から愚痴を言わ
れるとますます逃げの姿勢に終始したものです。若い頃は、妻のあの
手この手の攻め（叱責と懐柔）に対応しながら過ごしました。時には
大喧嘩しながらも、父親としての責任に目覚めていく自分を少しずつ
感じていました。

　しかしながら、仕事とは違い、徹之とのコミュニケーションが思う
ようにいかないという苛立ちは常にありました。

上司からは、「子育ても大切なことですが、多くの部下を預けられているのだから成果も出すようにしてください」とも言われました。厳しい上司だなと思いながらも、部下の人生を預かっているのだから両立させなければいけないと心の中では納得しておりました。

・遊びもできる父親への変身

　職場では、自分の仕事や行動・考えに対して自信を持っている人でありたいものです。

　小さなことでも良いのですが、成功体験から自信が形作られます。積み重ねられてきた自信が新たな難題に挑戦するためのエネルギーになるのです。子育ても全く同じだなと考えます。

　今では、徹之の小さな進歩を素直に喜べる自分を形作ることが大切だなと実感しています。また、コミュニケーションがとれない子どもと素直に遊べないのなら、子どもと遊べるスキルを学ぶ必要があります。療育キャンプ等へ参加するのも考慮すべきことの１つです。

　私は、久留米大学医学部が開催していた自閉症の集中クリニック（サマーキャンプ）への参加が印象的でした。まさに Sensitivity Training（感受性・訓練）で、目からうろこの体験でした。

　父親も変身が求められる時代です。少しずつ変わっていく自分を楽しみたいものです。さらに、父親同士で意見交換する場があれば子育ての励みとなります。お互いにフランクに話ができますので、自分のやるべきことも見えてくると思われます。

・社会福祉法人組織のために

　味の素の現役を引退後、研究所の顧問となりましたが、週１回の勤

設立1周年記念に絵画展を開催　　　　　　　理事12名、評議員25名時代の記念写真

　務ですから、法人の運営のための時間はたっぷりありました。

　いつもの癖なのでしょうか、「あおぞら共生会」のそれぞれの事業はどのような目標が立てられ、その結果をどのようにフィードバックして次の展開を図っているのか？、はたまた、事業の採算性はどうか等々を調べました。また、法人の理念、運営方針などを少しずつ整えるようにしました。

　このような考え方や問題解決のアプローチは、長年にわたる会社経験が役立ったと考えます。会社経験を活かして、当該組織の理念作り、方針作りやシステム作り、はたまた行政への要望書作りなどで貢献できました。

　また、保護者研修を通して次の施策につながるように課題を見つけて、活動することもできました。まさに感情的にならず、理性の中で仕組みを整えることができるのは、会社の教育のおかげであると思います。特に、科学者であった私は、数量的なものの見方をしてきましたので、職員に説明できるように数字をとらえて、グラフや表でわかりやすくして、次の手立てを考えていただくようにいたしました。

　福祉の世界での経験が少ないために、日頃の療育や支援には大きく貢献できなくても、いろいろなところで役に立つ機会があるものです。

・日中活動の場において

どんなに障害が重くても、何らかの形で就労はできるものです。小さい頃から自立のためのスキルを獲得しておくといろいろな職場への適応につながることになります。

障害を持っている子どもも明るく、勤勉に、継続して就労に取り組んでいるといつの間にか大きく成長するものです。

子どもは親の持ち物ではありませんので、親は子どもの可能性を信じて、いろいろなことに楽しくチャレンジしてもらうように環境（合理的配慮は必要）を整えてあげることが重要です。また、どのような就労の形があるのか、行政や通所施設はどのように支援してくれるのか、親の会で議論しておくことも大事です。

「子どもだからまだまだ先のことだ」と、将来のことを考えずにいると、すぐに時間は経ってしまうものなのです。

・暮らしの場において

障害者は、ＧＨでの生活もありますが、一人暮らし、または好きな人と一緒に暮らすことが理想ではないかと考えます。

それには、地域での支援の仕組みを整える必要があります。支援の仕組みが街の中にいまだ定着していないので、入所施設が良いと考えがちな親御さんがたくさんいらっしゃいますが、本来は街の中で支援を受けながら豊かな人生を過ごして欲しいものです。

老障介護（年老いた親が障害のある子どもの面倒を見ている）のなれの果ての姿（老人ホームと入所施設に別々に入所）は見たくありません。そうなる前に、介護を含めた支援の在り方の検討が必要です。

徹之40才を祝う会　　　　　　　　　　ＧＨリビングで打ち合わせ中の理事長

　老人と障害者をワンセットで支える仕組み作りなども考えていかなければならないでしょう。「地域で共に生きる」は新しい展開を求められています。

　・権利擁護について

　親亡き後を考えると、成年後見制度を考えねばなりません。成年後見制度には、後見類型、保佐類型、補助類型とありますが、障害児・者の権利擁護を考えると保佐類型・補助類型から考えるべきでしょう。

　以前は、選挙権もなかった後見類型よりは障害児・者の成長（能力獲得）を信じて処すべきと思います。特に、選挙の時にＧＨの仲間は投票所に出かけるのに、後見類型のために１人ポツンとＧＨに残る姿は寂しかったものです。

　ダウン症の名児耶匠さんの選挙権回復裁判で、現在では被後見人も選挙権が認められるようになりました。妻たちの運動があったからのことでしょう。

　障害者は、自分の意思を表現できる場を確保するために「闘い」が必要です。そのためには、支援体制を整えて、不条理と闘わねばなりません。

・リスクマネジメント

　法人を運営していると、いろいろなトラブルに遭遇することになります。特に、警察沙汰になるのは厄介な問題です。

　弁護士による出前講座で「障害のある方のための法的支援」、トラブルシューターQ＆Aを職員の全員参加で研修したことがありました。

　改めて、障害者虐待防止法、障害者差別解消法が話題となり、意思決定支援・合理的配慮・愚行権・警察での対処法（上申書）などを議論いたしました。

　なお、法人だけの力では課題解決には限界がありますので、リスク回避やトラブル解決のために、弁護士、社会福祉士、社労士とアドバイザー契約を結び、解決を図っています。

　また、新会計になって行政の監査でいろいろ指摘されましたので、税理士を迎えて取り組みました。

・それぞれの価値観を理解し、組織を維持

　障害児・者との付き合いは長く続くことになりますので、自分の家族、関係する組織においてはどのような形が望ましいかなど、わが子たちの将来像を描いて環境を整えていくことが必要です。そこには、様々な親たちの考え方・価値観があります。

　それぞれの考え方がある中で、良いところを取り入れ、大きな方針・考え方を構築していきましょう。ともすれば考え方が違い、激論を交わすこともありますが、喧嘩別れとなり、組織の力を削ぐ結果とならないようにしたいものです。

　人は、自分のDNAの範疇でしか行動できませんが、他人のDNA

も存在価値がありますので、お互いを大切に考え、組織を潰さない・潰れないようにすることが大切です。

　これは、障害のある子どもを持つ親同士が心せねばならないことと思っています。

　長々と書きましたが、考え方はいろいろです。要は、法人の行く末は、利用者に焦点があたった活動をどれだけ徹底してできるかにかかっています。考えが少々違っても、ベクトルを利用者に合わせて支援を続けたいものです。

　私どもの10年長期計画が「Monolithic Aozora Practice」計画になっているのも、「あおぞら共生会」が一枚岩になり、利用者のための実践を推進するという意味が込められているからです。

あとがき

「あおぞら共生会」副理事長・明石洋子

　「あおぞら共生会」が30年続いたことに、とても感銘を覚えています。長期間経済的基盤がない中、「地域に生きる」と「当事者性」を理念に、日々支援をしていただきました職員、ボランティアの皆さん、多くの支援者の方々に、心より感謝しています。

　そして今は、国の福祉制度は整備され、右肩上がりの予算がつき、以前の3Kと言われた福祉業界は、遜色ないお給料が出せるようになりました。しかし福祉に「やりがい」が見出せないのか、福祉の人材不足は続いています。

　30年を振り返って、福祉活動が楽しかったのは、苦労して厚い壁を越えて作り上げるという、お金に代えられない「やりがい」を持てたからと思えます。「やりがい」は与えられるものでなく、「思い」を育てた自らの中に生じるようです。

　それゆえ、本書で、厚い壁をどのような「思い」で乗り越えてきたかを述べて、現在との違いや課題を分析し、時代の流れに沿って将来の見通しを提示しました。

　さて、「あおぞら共生会」の三役（理事長・明石邦彦、副理事長・明石洋子、専務理事・加藤一男）は、古稀（70才）をとうに過ぎました。数年以上前から真摯に「後継者探し」をしています。本書を読んで、「あおぞら共生会」を運営してみたい方は、職員も利用者のご家族もどんどん手を挙げてください。外部の方もどうぞ。

　福祉とは「人を幸せにする」すなわち、人が人を支援する仕事です。障害や福祉が何たるか知らない時、私は加藤一男さんに出会い、「地域

に生きる」を教えていただきました。

　電機労連（後の電機連合）の福祉相談員として、電機の子弟が通っている幸地域訓練会にたびたび来られ、超多動の言葉もない３才の徹之とも付き合ってくれました。

　保育園、普通学校、定時制高校、公務員と、徹之の「○○したい」に寄り添い、「当事者性とは何か」の見本を加藤さんは私に示してくれました。制度もサービスも前例もない時代です。加藤さんの支援なくしては、これらの厚い壁は打ち破れなかったでしょう。

　親が、親亡き後を安心するためにも、支援者の皆様は、地域とのパイプ役に徹し、目の前の利用者を知って理解して、支援する人を増やしてください。制度やサービスのフォーマルな支援と同様、インフォーマルな形ない支援（励ましなど）も大事です。「思い」を持って支援してください。「やりがい」はそこから生まれてくるでしょう。

　平成24年の「法人設立10周年記念セミナー」は、地域の中で先駆的な支援をしている岡部耕典さん、清水明彦さん、藤内昌信さんを迎えての実践報告をいただきました。「思い」のある支援者で、元作業所の職員の清水さんが、この度「第21回糸賀一雄記念賞」を受賞されました。福祉に賞が合うかどうかは別にしても、「思い」を持って地道に活動する人は、必ず誰かが認めてくれます。

　「あおぞら共生会」の皆様、「看取りまで」の親亡き後の支援は、まだ制度として確立していません。「欲しいサービスがないなら、自ら作ろう」の「思い」を持って、制度になるまで実践していただき、清水さんはじめ支援の先駆者の後に続いてくだされば、とても嬉しいです。

　最後になりましたが、超多忙を理由に遅々として進まぬ私の原稿を、根気よく待ってくださいました、ぶどう社の市毛さやかさんに、心より感謝の気持ちを込めて、「本出版、ありがとうございます」。

著 者

明石 邦彦（あかし くにひこ）

福岡県生まれ、神奈川県川崎市在住。
九州大学農学部卒業後、昭和 43 年に味の素（株）中央研究所に入社。
研究所、工場を経験後、本社経営企画、研究企画を長らく担当し、理
事、顧問を経て、平成 13 年に（社福）あおぞら共生会理事長に就任し、
現在に至る。農学博士。

明石 洋子（あかし ようこ）

埼玉県生まれ、神奈川県川崎市在住。
九州大学薬学部卒業後、製薬会社、薬局等で管理薬剤師勤務（28 年）。
（社福）あおぞら共生会副理事長、（一社）川崎市自閉症協会代表理事
（会長）、ＮＰＯかわさき障がい者権利擁護センター理事長。川崎市の
福祉関係の委員を多数。
「第 4 回ヘルシー・ソサエティ賞」、「厚生労働大臣賞」、「第 19 回糸
賀一雄記念賞」受賞。著書に「ありのままの子育て・自立への子育て・
お仕事がんばります」（ぶどう社）、「思いを育てる、自立を助ける」（本
の種出版）、その他共著多数。薬剤師、社会福祉士。

社会福祉法人 あおぞら共生会
問い合わせ 本部事務局
〒 210-0848 神奈川県川崎市川崎区京町 1-16-25
TEL 044-328-7363 FAX 044-366-7254
ホームページ http://www.aozora-kyouseikai.com

「地域に生きて」親亡き後の支援を考える
～看取りまでできるか～

著　者　　（社福）あおぞら共生会　明石 邦彦　明石 洋子

初版印刷　2020 年 2 月 1 日

発行所　　ぶどう社
　　　　　編 集／市毛さやか
　　　　　〒 154-0011　東京都世田谷区上馬 2-26-6-203
　　　　　TEL 03（5779）3844　FAX 03（3414）3911
　　　　　ホームページ http://www.budousha.co.jp

　　　　　印刷・製本／モリモト印刷 用紙／中庄